新品类掘金

"链接"时代，新品类发现与新爆品塑造的逻辑与方法

张建茂◎著

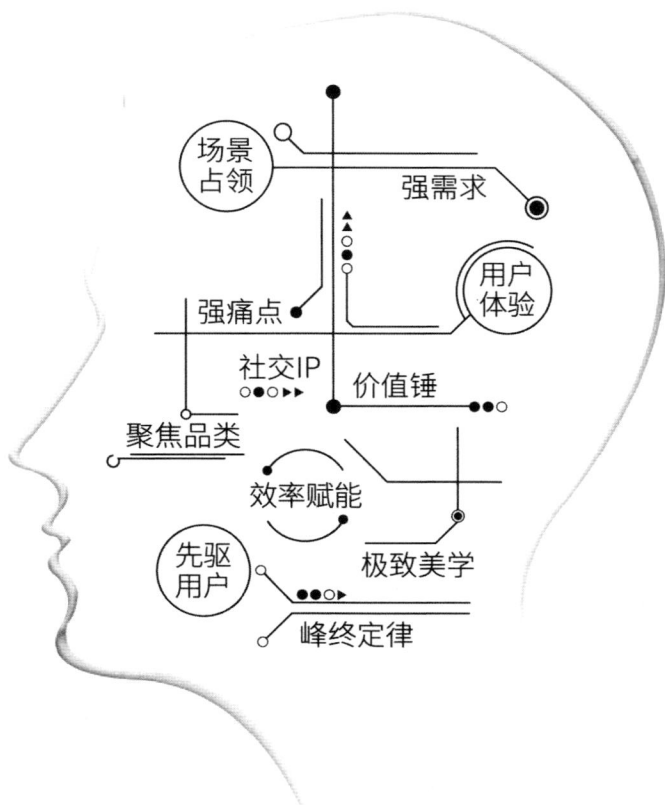

中华工商联合出版社

图书在版编目(CIP)数据

新品类掘金 / 张建茂著. -- 北京：中华工商联合
出版社，2020.7

ISBN 978-7-5158-2755-1

Ⅰ.①新… Ⅱ.①张… Ⅲ.①企业管理-产品管理
Ⅳ.①F273.2

中国版本图书馆CIP数据核字（2020）第 098004 号

新品类掘金

作　　者：张建茂
出 品 人：李　梁
责任编辑：胡小英　马维佳
装帧设计：国风设计　冯德雄
责任审读：郭敬梅
责任印制：迈致红
出版发行：中华工商联合出版社有限责任公司
印　　刷：文畅阁印刷有限公司
版　　次：2020 年 7 月第 1 版
印　　次：2020 年 7 月第 1 次印刷
开　　本：710mm×1020mm　1/16
字　　数：220 千字
印　　张：16
书　　号：ISBN 978-7-5158-2755-1
定　　价：59.00 元

服务热线：010-58301130-0（前台）
销售热线：010-58301132（发行部）
　　　　　010-58302977（网络部）
　　　　　010-58302837（馆配部）
　　　　　010-58302813（团购部）
地址邮编：北京市西城区西环广场 A 座
　　　　　19-20 层，100044
http://www.chgslcbs.cn
投稿热线：010-58302907（总编室）
投稿邮箱：1621239583@qq.com

工商联版图书

序 言

以"新品类爆品"思维去做一个产品，
成功的胜算更大

今天，我终于有机会把本书的源起，以聊家常的方式跟读者分享。

近几年，我发现身边越来越多朋友自主创业。其中有搞互联网平台或电商的，有做社交媒体的，有在熟透的传统行业搭起"新炉灶"的，有进入一个陌生的行业，借鉴前辈老套路按部就班的……

其中，未免有一些落幕者：搞个互联网平台，两三年烧了几千万后，突然发现这个产品从最初就属"无场景、无用户"的产品，所以注定不会成功；还有的人看到某个产品似乎风生水起，也就兴奋地杀入这个行业，进去后却发现，原来不是想像的那么好，但已投资进去了，进退两难；还有些人是新徒弟跟着老师傅，做着老师傅的老本行，师傅怎么做，自己就怎么做，心想着哪一天能"青出于蓝"，但师傅的老套路决定老结果，最终深感无奈……

类似这样的创业现象比比皆是，他们普遍感叹良多：什么行业都竞争很激烈，什么行业都不好做，所以最终也不知道做什么才好。

与此同时，我们又时不时听到一些令人吃惊且兴奋的消息，而且很多是发生在我们身边的人与事。例如：

某社区生鲜连锁超市，以菜肉等"原生新鲜、有机环保"著称，深受社区家庭欢迎，在短短的两三年内就开了数百家社区连锁店；

一个曾经不起眼的手机小店主，转行做休闲奶茶，不仅好喝，更是给年轻人提供了一种更酷的时尚生活体验。她从一家网红店起步，几年内就在全国开店超过四百多家，成为了明星品牌；

有人把一种优质的有机谷物，创新成了一种可用于替代宝宝奶粉的大米，这种米叫"宝宝米"。宝宝吃奶粉易上火，改吃"宝宝米"不上火，有机谷物摇身变"宝宝米"，卖价提高十几倍，却非常抢手；

有一个现制现切的蛋糕店，一开门营业，很快就会迎来顾客长龙排队购买，从开门营业到打烊，顾客络绎不绝。因为蛋糕口感鲜美独特，对于这样的产品，很多商家抢着要加盟开店，这个现制蛋糕店也在近年开遍热闹的商圈；

以前人们都认为办公家具就是几块板支几条腿的东西，能稳固可以办公就好了，而有人用"时尚服饰一样的思维"来做办公家具，做成了时尚办公家具，让新一代创业公司的办公空间与办公环境更轻松与时尚，年轻人群青睐有加，掀起了"时尚职场空间"的新消费趋势；

有人把传统的大罐大袋茶叶，拆分成一小罐一小罐，配上精致有档次的包装，赋予"大师茶"概念，提出"一罐一泡，私属泡"的生活体验，很快小小一罐茶市场规模做到几十亿，创新并引导了人们新的茶饮习惯与美好生活方式；

有人把原先一大瓶一大瓶的白酒，变成一小支一小支，然后在瓶身上贴上一些创意文案，很快让"90后"也喜欢上了喝白酒，白酒成了年轻人酒桌上的热议媒介，产品很快铺满大江南北；

有人把一向是工业用的电动螺丝刀，重新定义了工具的使用场景，设计成了居家用的"颜值巧具"，让电动螺丝刀成为居家用品走进寻常百姓家，让年轻家庭主妇也爱上了拧螺丝，很快成了一把倍受欢迎的居家工具；

方便粉面，几十年来，"就是这个味……"，其包装图片上的大块肉，大只虾，只是用来过眼瘾的图片而已，这种传统的包装粉面，市场已日趋老面孔。而突然有人推出能真正满足人们"大块肉"的方便粉面，以"更多足料包、更多大片肉"为产品体验点，让其瞬间成了网红方便粉……

太多新奇的成功故事，真实地发生在我们平常的生活中。

这不禁让人想起一句话：所有的传统行业都值得用全新的思维去重新做一遍，把它做得更美好。这也引发了人们特别好奇的探索：这些成功的故事里是否隐含着"做对了什么"？

——这就是本书将要引导读者去孜孜探求与发现的"做对了什么"的秘密。

在产品稀缺时代，随便做一个产品都不愁没有市场；而如今是产品盈余时代，要成功地做好一个产品，还需要事先搞清楚一些关键问题。例如，这个产品为谁而做？这个产品能为用户带来什么好处？解决什么痛点？用户为什么会用这个产品？并且会持续复购？产品做成一个什么样子才更有别于同类产品，且更受用户喜欢？如何让更多的用户热情追捧这个产品？……如果这些关键性问题都没有在事先设计好，未找到很好的解决路径与答案，那么接下来创业者在产品创业的路上，大多会偏离方向或非常渺茫。

而我创作本书的初衷便是基于这些现象引发的一系列思考与探秘：

如何定位好一个产品？如何做好一个产品？如何让产品尽快爆红？如何当好一个好产品的掌舵人？——这是对本书内容最浓缩的描述。而本书的这套思维架构，是基于我近二十年做产品的经历过程，而总结出来的一套"避雷针"，读懂这套思维架构，在产品创业的路上，可以很好地回避雷区，科学前行。

所以，从一定意义上说，本书是一个为"新品类探索者"与"新爆品践行者"成功创业的导航仪。这套思维架构告诉我们：一个产品的诞生，对于产品的战略定位是不可以懒睡过去的，要做好产品，需要从"搞懂用户、搞懂自己"开始做起，才能全面搞懂产品，才能找到经营的路径与方向，切忌人云亦云，臆断跟风。这些关键的思维，我会在绪论里进行详细的归纳与论述，让读者看清本书整体的思维架构，以便更加全面深入正文内容的研读。

平时我也经常会阅读一些经营类的书籍，很多书在阅读的过程中我深感讲得很精彩，但当合上书以后，我的脑海却一片空白，很难记起作者说过什么，更难以看到它能给读者提供什么样的实操工具，很难让读者得到"学以致用，立杆见影"的效果。

所以我在创作本书的过程中始终坚持一个原则——这本书不但要讲明白其中的道理、逻辑与理论，更能给读者一个能照着做的实操性很强的套路与打法，让读者读完这本书，就可以获取一个作战的工具与拐杖，感受到实操能力真正的提升与实操的价值。也就是说，这本书的每一章节，我都力图提供给读者拿来即用的实操工具，比如：如何找到强痛点与强需求的产品？如何去打造一流的产品体验？如何去规划产品的命名与价值主张？如何对产品进行极致的设计与产品的迭代？如何构建产品的种子用户？如何对产品进行内容创造与传播运作？如何加速产品的流通效率等等，我们在产品创业过程中碰到的种种尖锐问题，在本书都将以相应的方法作支撑，有相应的工具去解决，产品创业者可以一边学，一边用。

我自己对这本书的整体评价是：或许在文采方面还有很大的提升空间，但是这本书最大的优点是"很草根、接地气、很实用"：它为读者提供了一整套完整的，且实操性很强的"新品类新爆品"打法。同时，本书还为大家配备了掘金案例和教练作业，让读者能在阅读后第一时间通过练习来巩固知识，学以致用；在本书的最后，我将所有的教练作业进行了汇总，汇总成一套完整的教练作业模型，让创业者们可以照着这个套路去做，去检阅正在做的产品运营，去预先设计即将要去操作的产品或项目，让创业者在事先就可以弄清楚一些关键的问题，尽量避免一些创业的弯路。在此我也建议读者朋友能在创业的同时沉下心来，共同学习与分享这套"好产品"的成功方法论，也期望这本书能给读者带来创业的助力。

产品能力，是人的底层能力，每一个人在他的最底层意识里，都有对产品的判断与产品创新的思维逻辑。而这个大好时代，正在给每一个人去创造属于自己的产品机会。只是在于我们是否有洞察力去发现这个机会；我们是否有更加创新的思维方法，对产品去深度理解与感知；我们是否愿意去打破产品原有的舒适区，用全新的视角去看待产品在新时代的生存机会与前景。当更多的人用智慧的双眼发现身边更多的产品机会时，我希望这本书能够与他同行，为更多的产品人带来更科学的开始，收获更美好的未来。

仅以此书献给我的亲朋好友、领导同事以及家人们！感谢有你！感恩有你！由于时间仓促与水平有限，本书不足之处还望得到各位老师以及读者朋友的宽谅与批评指正，以便我不断地学习与提升。另外也要特别感谢本书所写到的一些成功的案例企业，是他们的成功给了我们大家学习的机会，而在书中如发现在表述企业案例时有不够精准的地方，还请与本人联系，本人会在再版时给予更正补充优化。

好产品，让人们生活更美好！好产品，让创业成功的胜算更大！好产品，让祖国更加强大！一起加油！

张建茂
除夕夜于广东·南方智谷

目 录
CONTENTS

PART ❸
新品类掘金的关键：构建产品的消费场景

PART **4**
新品类发现与新爆品塑造十步法 ●

PART 5

新爆品的内容传播

PART 6

效率赋能，让好产品迅速爆红

PART 7

新爆品CEO画像：产品能力是CEO的底层能力

绪　论

本书从最草根的实战经验聊起，结合身边发生的一些真实案例，以教带练的形式，力图给大家提供一套完整的"新品类爆品"的打造路径，这套完整的路径可以归纳为以下几个探点，我在这里先作个大体的介绍，这也是我们在正式开启本书阅读之旅前需要解锁的6个关键思维：

◎ **什么样的产品更容易成功？**

（1）这个产品最好能成为一个新的品类。因为成为一个新的品类，意味着这是一个与别人不一样的新东西，那么用户就会更愿意接受；

（2）这个产品应该是为一个非常精准的特定群体而做的，用户群体不要太泛，并且这个用户群体都特别需要用这个产品来为自己解决一些痛点；

（3）这个产品能提供给用户确定性的使用价值，而且最好能给用户带来以下的感受：一、有它真好，可以帮"我"解决这个痛点问题；二、缺了它，我就会感觉不爽、害怕，甚至恐惧；

（4）这个产品颜值高，赏心悦目，一看就让人喜欢；

（5）产品体验起来非常愉悦、爽；

（6）这么好的产品，但价格还是超低的。

◎ **这样的产品怎么来做？**

说到这里，有人要问，这样的产品要怎么来做？这也是后面章节我们要讲到的"新品类发现与新爆品塑造十步法"。在这里，为了表述的简单，就转换为：新品类爆品塑造十问，也就是说，我们要做好一个产品，如果事先把这十个问题回答清楚了，一个好的产品就做出来了。我们一起来演练一下这十个问题：

（1）这个产品要抓住用户怎样的痛点，解决用户怎样的问题？

（2）怎样来清楚地描述出产品的用户是谁？

（3）产品的品牌名、品类名与产品名，怎样来取名？

（4）产品给用户带来怎样的价值？如何表达这个价值主张？

（5）怎样来讲一个关于产品、品牌与创始人的"情怀故事"？

（6）如何把品牌与产品用人格化的手段包装策划？

（7）如何策划与打造品牌、产品与创始人的"超级IP"形象？

（8）如何通过研究"产品消费场景"来做好产品研发与产品线规划？如何构建消费场景来触发用户消费行动？

（9）产品设计如何到极致，产品的超预期体验如何设计？

（10）如何让产品做到强视觉冲击，让产品更吸引用户眼球？

◎ **怎么让这个好产品尽快爆红？**

有了对产品清晰的判断，又做出了这么好的产品。那么，如何让这个好产品尽快爆红？这是接下来要谈的第三个关键思维。本书将从以下四个方面教大家"产品爆红"的实战步骤与打法：

（1）如何找到第一批"种子用户"，让产品跨过从"星火"到"燎原"的鸿沟；

（2）怎样定位好传播内容与传播工具，并聚焦做好自媒体传播内容；

（3）如何巧借产品社群、产品众筹以及网红媒介来聚集用户粉丝，增加用户流量；

（4）如何通过超预期的产品定价、缩短产品交易通路、强化产品实时在线、增加产品消费频率等手段来提高产品交易效率，加速产品爆红。

◎ **要持续做好一个新品类爆品，CEO要有怎样的思维**

从一个好产品的认知与判断，再到一个好产品的制成交付，再到产品的稳健持续发展，这个过程，不是一朝一夕的，而是一个对战略聚焦、用户体验持续定力的过程。所以这又将谈到第四个关键思维：一个成功的产品背后，需要有一个合格的新品类新爆品CEO。这个角色很关键，因为企业的CEO在决定着产品怎么走好每一步。那么怎样的CEO才算是一个合格的新品类爆品CEO呢？本书总结了一个优秀的新品类爆品CEO至少要有以下这七大思维：

（1）痛点思维：始终坚持产品要解决用户的痛点，能给用户提供确定性的用户价值；

（2）聚焦思维：始终坚持精准聚焦产品范围，专注做什么，同时坚持什么不可以做；

（3）品类思维：坚持把产品当一个新品类来打造，实现产品的个性化差异；

（4）体验思维：注重产品的超预期体验设计，让产品有更好的用户体验；

（5）极致思维：在产品、价格与效率等方面要始终坚持精益求精的极致态度；

（6）效率思维：要借助一切有效手段与方式来提高交易效率，助力产品引爆；

（7）超级IP思维：重视品牌、产品以及创始人的社交口碑打造，让产品与品牌"口碑载道"。

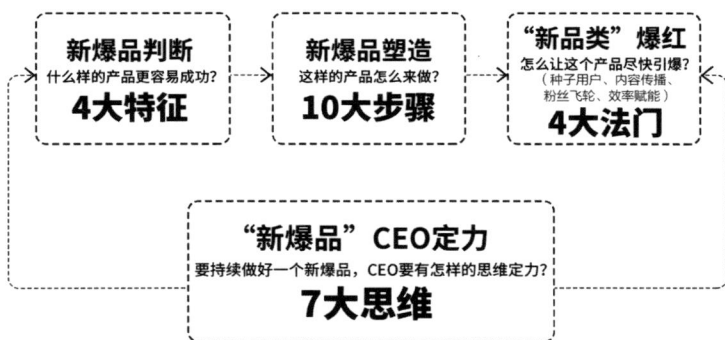

图1　"新品类爆品"打造思维模型架构

以上相对系统地归纳了"新品类爆品"的整套思维架构。这套系统思维，一方面源于类比过很多成功或失败的产品经营案例；另外，多年来本人也一直在践行这套"新品类爆品"打造模型，从这个切身的草根经历中积累了一些实践经验。

接下来，我结合这套模型架构，再来分享几点源于我实践当中的切身体会与感悟：

◎ 许多产品可以"更酷地"去重新做一遍

生活中，很多习以为常的产品，从长辈时代到现在都是这个样，没有改变过。很多情况是因为这些产品司空见惯了，不容易被重新关注，这个产品好不好，一直以来都如此，没有人去撼动过它。其实，这些没有被撼动的产品，不一定就是人们非常满意的一个产品，而是一直以来人们都在默默地"将就着"。然而，互联网时代已来，人们对不喜欢的产品"用脚投票"，特别是90后及00后的互联网"原生居民"，对于体验感不好的产品，他们直接"踢出局"。

其实，原来那些习以为常的产品，其"舒适区"是需要被打破的，我们要做的就是让它重新"酷"起来。所谓的"酷"起来，就是需要把产品放到新时代的消费场景里来重新定义产品的价值主张。这意味着是对产品进行新的品类定义，让产品找到与原来固有的消费场景相区隔的差异化，然后聚焦这个差异点去打造产品。

根据这个逻辑，我们把传统的、不受人关注的办公家具，放到"大众创业，万众创新，互联网大潮"的新时代环境中，去构想这个移动时代需要怎样的办公场景与办公空间，通过分析后，我们聚焦一个相对精准且窄众的用户群体：类似互联网科技公司等现代时尚型创业公司，他们需要的是时尚轻松的办公环境，以体现企业的精神面貌与企业文化。进而我们重新定义了办公家具新的价值主张："时尚办公家具"。然后我们围绕这个"时尚办公家具"新品类的战略定位，着力去打造新爆品。这是一个历史上没有过的新品类，没有参照物，更没有对标物，我们全凭跨界的产品思维，以全新的纬度来定义产品、打磨产品，并持续关注与满足"非主流"的特色需求。短短几年，我们通过创新的产品风格、人性化的产品设计、时尚的品牌调性，开创了"时尚办公家具"全新品类，引领了"时尚办公"全新的消费潮流。

◎ **用"新品类爆品"思维模型指导一个产品的运营，更容易成功**

有两位品类打造的高手，一位是三只松鼠的章燎原；另一位是小罐茶的杜国楹，他们在谈到对自己影响最大的几本书时，不约而同地提到了《定位》（美国，艾·里斯与杰克·特劳特著）。《定位》与另一本杰克·特劳特的著作《什么是战略》，都讲到了品类战略。我结合自身的一些草根经历，总结出了本书的实操思维模型："新品类爆品"战略定位与产品引爆实操。本人在具体打造"时尚办公家具"这个新品类时，也一直遵循这个思维套路来实践。借此机会，我按上述几个关键思维的内容来梳理一下这套思维模型是如何在"华旦时尚办公家具"新品类爆品打造中得到应用的。以期让读者朋友们可以触类旁通，通过对本书的思维架构类比与理解，能借鉴到一些经过实践检验的科学经验。

表1 华旦时尚办公家具新品类爆品打造的践行案例分析

新品类爆品打造思维模型"四探点"	华旦"时尚办公家具"品类打造践行图
探点一：什么样子的产品更容易成功？	
1. 这个产品可以成为一个新的品类；	开创了一个新品类：时尚办公家具
2. 这个产品是为精准的特定群体而做；	吸引特定用户群，类似互联网科技等现代时尚企业、创业公司
3. 这个产品要有确定性的使用价值：可以帮用户解决具体痛点；	让办公空间更时尚，让办公环境更轻松，让员工办公更轻松快乐
4. 这个产品高颜值，让人一看就喜欢；	产品定位为轻奢时尚现代风格，颜值高，深受年轻一代青睐
5. 产品体验起来很愉悦、爽；	产品非常注重用户体验设计，并做到人性化极致，款式特色、配色时尚、元素流行
6. 产品好，价格还低。	定价策略：轻奢的享受，平民的价位：让创业公司企业主拥有超预期的产品价值感受
探点二：这样的产品怎么来做？	
1. 这个产品要抓住用户怎样的痛点，要解决用户怎样的问题？	传统办公不能满足现代企业对时尚办公空间的营造需求，时尚办公可以提升公司形象，改善员工办公环境，提高员工办公效率

续表

新品类爆品打造思维模型"四探点"	华旦"时尚办公家具"品类打造践行图
2. 怎样清楚地描述出产品的用户是谁？	类似互联网科技等现代时尚型中小型企业
3. 产品的品牌名、品类名与产品名，怎样来取名？	华旦–时尚办公家具 华旦：寓意"光明盛世，开启新纪元"
4. 产品给用户带来怎样的价值？如何表达价值主张？	让办公空间更加时尚起来
5. 怎样来讲一个关于产品、品牌与创始人的"情怀故事"？	"让办公空间更加时尚起来"情怀； 创始人"高品质办公"的情怀故事
6. 如何把品牌与产品用人格化的手段去包装策划？	策划职场"美旦旦"卡通形象
7. 如何策划与打造品牌、产品与创始人的"超级IP"形象？	1. 创始人著《新品类掘金》书籍对超级IP的助力； 2. 创始人高品质办公的情怀故事传播； 3. "中国办公家具重镇"地域特色称号宣传； 4. 中国华旦：国潮品牌，中国红利
8. 如何通过研究"产品消费场景"来做好产品研发与产品线规划？如何构建消费场景来触发用户消费？	1. 按照五大办公场景，并依据用户人群分类来研发产品线； 2. 在众多热播电视剧中植入时尚办公场景，对受众进行"时尚办公场景"消费趋势引导； 3. 通过线下门店"场景体验式"展示，来提升终端销售场景的体验感，场景促动成交。
9. 怎么把产品设计到极致，让用户享受到产品的超预期体验？	1. 推行"精益研发"管理，注重产品的极致设计； 2. 重点打造产品的时尚设计与使用的细节体验。
10. 如何让产品做到高颜值、强视觉冲击，让产品更吸睛？	轻奢时尚风格调性，注重高颜值产品外观设计与配色设计。
探点三：怎么让这个好产品尽快爆红？	
1. 如何找到第一批"种子用户"，让产品跨越从"星火"到"燎原"的巨大鸿沟？	在三个渠道找到时尚办公的"种子用户"，实现市场的启动： 1. 装饰装修设计师渠道； 2. 类似互联网科技等现代时尚型创业公司； 3. 时尚电视剧剧情中的时尚办公场景植入。
2. 怎样定位好传播内容与传播工具，并聚焦做好自媒体传播内容？	重点做好软文推广、微电影推广、自媒体内容设计。

续表

新品类爆品打造思维模型"四探点"	华旦"时尚办公家具"品类打造践行图
3．如何巧借产品社群、产品众筹以及网红媒介来聚集产品粉丝，增加用户流量？	1．时尚办公空间公众号（产品社群）； 2．渠道分销单款众筹； 3．对时尚办公场景及明星用户抖音分享。
4．如何通过超预期的产品定价、缩短产品交易通路、强化产品实时在线、增加产品消费频率等手段来提高产品交易效率，加速产品爆红？	1．采用华旦酷家乐场景在线设计软件，用户可以实时在线设计时尚办公空间； 2．华旦（C+F）2M个性化定制模式，互联网+柔性化生产，批量化制造，最快可实现3-7天快速交付。
探点四：要做好一个新品类爆品，CEO要有怎样的思维？	
要做好一个新品类爆品，CEO要有怎样的思维？	坚持"新品类爆品"CEO七大思维： 1．痛点思维：分析产品痛点找创新价值 2．聚焦思维：聚焦"时尚"风格 3．品类思维：打造一个时尚品类 4．体验思维：时尚特色、快速交付产品 5．极致思维：产品的极致研发 6．效率思维：互联网+柔性化生产 7．超级IP思维：代言时代品类

创业路上，有的人臆断行事或冒冒失失地去做一个产品，有的人则是非常科学地有套路地去做一个产品。二者相比，成功的命运亦是不同的：前者将迷失方向，处处障碍；后者将预见美好，一马平川。本书的价值就在于给创业者提供一套这样的科学套路！

PART **1**

新品类爆品，
"链接"时代的掘金新物种

在物质短缺时代，企业需要通过满足"消费需求侧"来实现经济的增长。即加大投资，生产足够多的产品来满足用户需求。而现如今，我国已经从"短缺经济"过渡到"过剩经济"，"需求侧"的"三大驱动力（政府投资、出口、消费）"对经济的拉动不再是关键所在。

另外，随着国际贸易由"廉价"取胜向"品质"取胜发展，曾经以"廉价"之誉著称的中国货在外贸方面的竞争力越来越不明显；加上原先不断刺激需求、扩大产能造成了一定程度上的经济产能过剩与供需不匹配等问题，导致企业迫切需要从"产业结构"与"商品结构"上解决"供给侧"的根本问题——也就是解决"人们对美好生活的向往"与"供给不平衡"的矛盾。

通俗地说，人们不是需要更多的产品，而是需要更精准的、更符合人们个性化需求的产品，即人见人爱的"新爆品"。

新爆品，为"美好生活"而生

新爆品，人们对美好生活的向往

在生活中我们通常都有过这样的体验：无意中碰到某个产品，听起来就感兴趣，一看就喜欢，再看就想要，用了就说好，而且还划算。并且我们在购买后还有一种立刻要分享给别人的冲动——这样的好东西就是"新爆品"。

◎ **新爆品，为"美好生活"而生**

改革开放以来，中国消费人口剧增，从物资的短缺到进入全球贸易交易前列，经济的发展主要靠占全球1/4的人口消费实力在驱动。在"人口红利"的大前提下，政府投资和出口、消费成了过往经济发展的三大驱动力。

在物质短缺时代，需要通过满足"消费需求侧"来实现经济的增长。也就是加大投资，生产更多的产品来满足需求。而当中国已经从"短缺经济"发展到"过剩经济"，"需求侧"的"三大驱动力"对经济的拉动不再是关键所在。

另外，随着国际贸易由"廉价"取胜向"品质"取胜发展，曾经以"廉价"之誉著称的中国货在外贸方面的竞争力越来越不明显；加上原先不断刺激需求、扩大产能造成了一定程度上的经济产能过剩与供需不匹配等问题，这迫切需要从"产业结构"与"商品结构"上解决"供给侧"的根本问题。也就是解决"人们对美好生活的向往"与"供给不平衡"的矛盾，解决这个矛盾，已成为新时代民生的新主题。通俗地说，人们不是需要更多的产品，而是需要更精准的、更符合人们个性化需求的产品，即人见人爱的"新爆品"。

消费分级加速新品类萌生

当下，社会消费存在一个较明显的矛盾——国内同质化商品较多，销路趋缓，而跨国代购、跨境购物、洋货实体店却日渐火热。这让人不禁想到前些年发生的"到日本抢购马桶盖"现象。一边是人们对消费升级的渴望与需求，一边是社会同质化的廉价物资过剩，消费者不能买到称心如意的商品，消费需求得不到很好的满足，见图1-1。

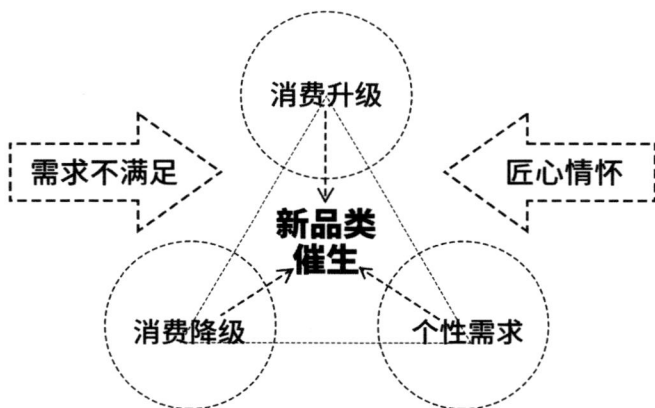

图1-1 时代在催发更多"新品类"萌生

◎ 消费分级催生新品类

日益个性化需求又显现两个方向分级：一是消费升级，一是消费降级。消费升级说的用户愿意花更高代价去获取更高档次更高品质的产品；消费降级说的是，不需要花费那么高的代价也可以享受到更能满足个性化需求的产品，生活品质也能得到很好的改善。

一、消费升级：好生活，可以贵一点

近年，消费分级的一个突出表现是：新中产消费阶层悄然崛起。

什么是中产阶层？

——这或许没有很标准的定义，但很明显的是，中产阶层具有一些直观的特征：首先他们是典型的性能偏好者，精明的广告辨识者，他们愿意为高品质买单；其次，他们不会感觉商品的定价与成本有多大的关系，他们认为商品不只满足基本生活所需，更要在精致、品质和内涵等方面延伸，也就是说商品不只是商品，它是品牌、情怀和个性化三个方面的结合，所以有"得中产者得天下"的说法。进入新工匠时代，中产阶级讲究细节、品味和创意，如无印良品的忠实用户、星巴克咖啡用户，这些客户有较强的消费能力、更高的消费要求，更注重生活品质，对产品消费"不将就"。消费升级趋势正在催生一批符合新中产阶层个性化需求的高品质新爆品。

二、消费降级：好生活，可以不那么贵

美好的生活，其实不一定要很贵。这是近年来消费分级的另一种现象：叫消费降级。

日常身边的一些非常火爆的产品就已很好地体现，如小米智能手机超预期的高性价比，米粉趋之若鹜，这让小米一度占据到中国手机市场最大份额；又如，以定价在15元～39元为主的日常生活用品品牌"名创优品"，短短几年，就在全球开了几千家分店，占据了国内主要城市的主要商圈，特别是人流量巨大的商业广场，这也主要得益于其产品的品质有保障并且定价符合现代广谱性消费，取得了广大用户的拥戴。再比如，亚朵酒店，不需要五星级酒店的价格，同样可以享受五星级酒店的服务，而且几年内分店开遍大江南北，成了超级IP网红酒店。

我们似乎又发现了一条规律：其实不需要那么贵的价格定位，一样可以把所有传统行业，重新做一遍，用更好的产品体验，更好地满足人们的美好生活，这样就很容易笼络"不想那么贵，也能过得很美好"的消费群体。

网易严选就是标榜："好的生活，没那么贵"的用户主张，这一点直指用户需求的痛点。曾经想买无印良品又觉得略贵的消费者，在网易严选这里找到了"极高的性价比之选"。对他们而言，经济实惠又不失品质。诚然，网易严选就抓住了这一点，短短几年就实现了弯道超车式的发展。

"好生活，可以不那么贵"——消费降级，催生出更多具有品质感、更有体验感、更有价格竞争力的新品类、新爆品，去满足用户的需求。

三、"个性化需求"在倒逼更多新品类

在传统消费市场，企业生产什么，商家就销售什么，人们就消费什么。当下，"窄众化、个性化、定制化"消费已渐成为流行，消费者对产品与服务提出更多的考量。

（1）基于用户越来越关注个人的价值需求，产品创意与服务创新，就更要为某个特定群体提供"窄众化、个性化、定制化"的价值满足，否则就不会太受欢迎。

（2）产品同质化必定相互诛杀，而产品差异化方相得益彰，产品有非常鲜明的差异化，并打动精准受众，是一个有竞争力的产品首先要考虑的。

（3）产品的宽度与深度：在"粗糙大物质"年代，企业提供的产品品类越多越全，就越能做强做大。而如今，在产品线方面"一厘米"的宽度，做成"十公里"的深度，才叫专业，要把一个行业做精做透做深，做到极致，最终获取定价资格，比如，加多宝凉茶、喜茶、仙芋仙、一撕得纸箱、小罐茶、周黑鸭、海底捞等等，这些无一不是聚焦一个细分品类，做精做强的典型代表。

（4）产品要能提供很好的用户体验，并赋予较好的"无形溢价"，让消费者快乐地去体验消费并获取好评，产品"好看、好用、好玩"这三点越来越成为消费者的起码要求。

总之，时代在发展，更多新的消费场景在悄然发生，每一个新的消费场景都在催生着一个具体的"窄众化、个性化、定制化"的需求，这些个性化需求倒逼着人们去创新更多差异化的新品类。

四、匠心情怀：新爆品催生的软驱力

在"低价为王"的产品价值取向时代，我们很难去注意到企业与产品有什么"匠心情怀"。因为企业不必费尽心机去自主研发、不必劳心劳力去追求产品极致的匠心、不必有铸造百年品牌的长远情怀，也可以让产品很好地销售出去，因为只要低价就好。

而如今，产品的"匠心极致"，一定程度上决定着产品的用户体验感；同时，产品及创始人的"人格理想情怀"是产品的实力；没有匠心品质的产品终走不远。而所谓的匠心：指的是对待产品的工匠精神；所谓的情怀，指的是对待用户、对待产品、对待品牌、对待社会的美好理想抱负与感恩。

如今随处可见匠心精神的群体，如工匠、程序员、设计师、作家、产品经理等等，这些群体，都有他们的理想情怀：那就是为用户提供更加美好的产品体验。可以肯定的是，产品的匠心情怀是新品类新爆品产生的软驱力。

重新定义"新爆品"

在生活中我们通常都有过这样的体验：无意中碰到某个产品，听起来就感兴趣，一看就喜欢，再看就想要，用了就说好，而且还划算。并且我们在购买后还有一种立刻要分享给别人的冲动——这样的好东西就是"新爆品"。

◎ 产品VS爆品

新爆品，就是建立在充分研究用户痛点，用工匠精神所打造的产品与服务。通俗地说，就是指可以通过很好的用户体验来解决用户的痛点，满足用户需求的产品与服务。所谓的"新"，就是重新关注了人们的需求、重新定义了产品的价值，满足了用户新的需求与欲望，从一定程度上说，新爆品是代言了一个新品类；所谓的"爆品"，是因为切中了用户的痛点，被用户热烈追捧而爆红。

那么，普通的产品与新爆品有什么区别呢？

一、新产品不等于新爆品

新产品不等于新爆品，也不是所有的产品都可以成为新爆品，产品与新爆品有极大的区别。见表1-1

表1-1 产品与新爆品的区别

产品与新爆品的区别		
要素	产品	新爆品
性质	产品只是以为企业赚钱为第一出发点。	新爆品是从用户需求出发，为解决用户首要痛点而生。
前途	产品很容易陷入同质化或价格比拼。	新爆品是充分聚焦，并具有强需求的产品，甚至单品就能大规模销售。
行业效力	产品只是一种静态的消费品。	新爆品承担着专注的"行业品类"使命。
产品思维	产品时代是做大，靠品种规模取胜。	新爆品时代是做强，对某个品类做透深度，越深越强。

具体而言，两者还有如下区别：

（1）两者性质不同

产品只是以为企业赚钱为第一出发点的；新爆品则是从用户需求出发，是为解决用户首要痛点而生，通过为用户创造价值盈利。

（2）两者前途不同

产品很容易陷入同质化或价格比拼中，甚至同质滞销；而新爆品是充分聚焦，并具有强需求的产品，在某一窄众领域，哪怕是单品就可以打开一片巨大的市场，比如"一撕得拉链纸箱"、食族人酸辣粉、名门静音门锁、华旦时尚办公家具等。

（3）两者行业效力不同

产品只是一种静态的消费品；而新爆品将承担专注的"新品类"使命，在行业中引起极大影响力，强者可以颠覆一个行业。

（4）两者产品思维不同

产品时代是做大，靠品种丰富，产品品类阵容强大，规模效应取胜，越大越强；而新爆品时代是做强，对某个品类做透深度，越深越强。

二、新爆品≠低价爆款

受传统行业特别是传统电商行业（如淘宝、拼多多等）低价促销聚客的营销手段影响，一说到爆品，人们往往就认为是"低价促销爆品"。实际上，这种仅通过"低价杠杆"去撬动消费的方式，只是一种"纯低价"营销手段，他们并非重点考虑商品是否可以带给用户的强需求，而是重点考虑销售目标的达成。说白了，仅是因为产品超级便宜，人们因贪便宜而去抢购，商品本身并不具备"独特定位或个性化需求"等特点。

另外，说到爆品，人们又常认为就是价格便宜的产品，既然价格便宜，那么质量档次也是不高的。这种说法，也同样是廉价物质消费时代的认知产物。而本书我们所谈的新爆品，不是仅从价格手段去促动消费的产品，也不是低价低质的产品，而是因产品有较强的用户强需求拉动力而引爆消费需求，并属于自带销售势能与驱动力的新品类抢手货。

三、"新爆品"逻辑，是"品类生态学"逻辑

促销爆品表现为渠道促销产物，只以"低价换销量"为目的。而"新爆品"是"品类生态"的概念，是指通过"新爆品"所代表的价值取向，去实现企业战略利益的产品，它能更贴切地满足用户的特定需求。

新爆品有以下明显的特点：

（1）是品类的代言

"新爆品"在一定程度上是一个品类的代言，它只为某个特定用户群体而生，它很好地抓取了用户的某个具体痛点，具有很强的需求攻击力，从而获取了很强的聚核效应。

（2）聚焦"价值点"

"新爆品"聚焦在打造一个小的"价值点"，就会在这个价值点上产生多的消费聚集，小即是大，少即是多；"新爆品"往往简单极致不啰嗦。

（3）重新定义产品价值

新爆品基本是重新定义产品价值，代表了一个可以提供新价值的品类，去满足精准的用户，所以其自带品类的影响力，有的甚至可以颠覆这个行业。

请看下表中一些优秀的产品品类，就可以很清楚地看出新爆品是一个"品类生态"现象，我们更可以清楚地发现，新爆品因价值而生，因价值而有独特的差异化，让产品本身锐利前行。新爆品的作用与价值驱动力就是，

满足人们对美好生活的追求，详见表1-2。

表1-2 新爆品成功案例

新爆品在一定程度上是代言了一个新的品类		
新爆品	代言新品类	产品定义新价值
三只松鼠	互联网坚果	开启了休闲零食新品类：电商坚果与电商休闲零食
小罐茶	高端私享茶	引导了"个人私属泡"的茶享生活
江小白	情绪白酒	小聚小饮小时刻小心情，喝点小白酒——让"90后"也爱上白酒
周黑鸭	"休闲锁鲜"鸭类零食	让鸭类肉食可以休闲吃
华旦	时尚办公家具	让办公空间更加时尚起来
凯叔讲故事	"儿童故事教育"新媒体	听凯叔讲故事，宝宝快乐学习成长，推动中国传统文化与科学知识在儿童群体中的普及
名门静音门锁	静音门锁	好门锁，要静音
一撕得纸箱	拉链纸箱	3秒极速开箱
多走路	舒适鞋	多走多舒适
亚朵酒店	新体验IP酒店	极致体验的"网红酒店"
快狗打车	拉货的打车平台	拉货、搬家、运东西
小茗同学	情绪饮料	低调冷泡，认真搞笑——95后的情绪治愈饮料
海底捞	极致服务"火锅"	极致服务
名创优品	快时尚日用品	更便宜、更便利的生活用品
德邦快递	大件快递	大件快递发德邦
瓜子二手车	二手车交易网	没有中间商赚差价
老板吸油机	大吸力抽油烟机	大吸力
喜茶	休闲奶茶	时尚饮品生活体验

【教练作业】

填写下表：列出生活中5个新爆品，并说出这些新爆品代言什么品类，产品定义了什么新价值。

新爆品	代言了什么新品类	产品定义了什么新价值

PART 2

新爆品的特征与
基因判断

在开启本章内容之前，让我们先来回顾上一篇章中的一句话：生活中，我们往往碰到过某样东西，听起来就感兴趣，一看就喜欢，再看就想要，用了就说好，而且还划算，并且要告诉别人，或有向其他人分享的冲动，可以直白地说，这样的好东西就是"新爆品"。

"新爆品"之所以倍受追捧，首先它可能代表了一种新生的品类，它很好地解决了用户某种特定的痛点，满足了特定人群的某种需求。

由此，我们觉察到，但凡"新爆品"，基本有以下明显的产品特征与基因：

（1）产品切中了特定人群的强烈需求；

（2）产品有效解决了用户的首要痛点；

（3）产品高颜值，一看就喜欢；

（4）产品具有超出预期的用户体验。

接下来我们就来聊聊怎样的产品才能成为"新爆品"，以及我们如何判断与找到"新爆品"打造的基因与机会。

2.1 聚焦 "窄众" 用户的 "强需求"

怎样定位 "窄众人群的强需求"

顾名思义，所谓 "窄众"，是指产品受众人群的 "窄众化"，即不再针对广大范围的、结构复杂的大众群体，而是针对具有相同特定特征的一个小群体。所谓 "强需求"，指的是产品能为用户解决强痛点，进而对用户的强吸引，让用户对此产品产生非常强的依赖。

◎ 如何定位 "窄众人群的强需求"

（1）品类拆细法

品类拆细法就是先收窄到精准的受众，专注一个精准的范围来做品类定位。社会消费越来越精致化。一个大的产品品类，日益被 "细分化" 的消费痛点，提出了更加 "精致化" 的需求，这个精致化细分，就是我们所追求的 "窄众" 品类（见图2-1）。例如， "不伤手" 的洗衣粉、 "静音" 的门锁、 "安全防盗" 门、车载空气净化机、 "音乐" 手机、 "酸菜" 牛肉面、时尚办公家具、蓝牙音响等等；这些都是在大品类范围内，通过前缀或 "长尾词" 来定义一个精准的细分品类，然后聚焦这个 "较精准" 的范围去形成产品特色与风格，并采用商业模式与运营手段，去打造这个品类。

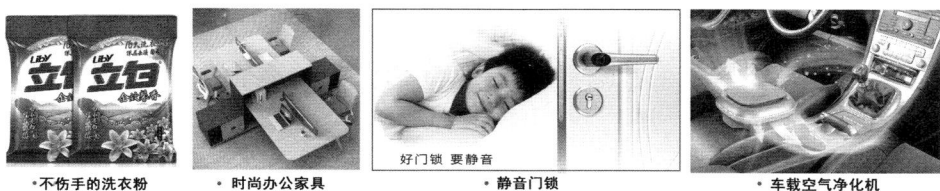

·不伤手的洗衣粉 ·时尚办公家具 静音门锁 ·车载空气净化机

图2-1 品类细分

（2）特征定位法

特征定位法就是聚焦于某一有具体特定特征的"窄众群"：如健身达人、夜跑狗、街舞酷B、城市SUV族、修车工、职业写手、快递哥、孕妇、自拍爱好者、茶艺师等，这一类人群，有非常明显的特征，或兴趣爱好，或消费习惯，或职业特点，或独特特性。产品针对这一特定窄族群，锁定一个点的价值定位，以能满足"一个人"的需求，就可以满足这一类人的需求为基准。例如，六个核桃针对的是"经常用脑者"，如高考学生、互联网产品程序员等；海飞丝，针对的是多头皮屑者去屑所需。

（3）时段定位法

时段定位法就是聚焦某个时间阶段。这个以"年纪段"或"时间阶段"来划分，每个阶段都具有相当的特征点与阶段性痛点。例如，"可以定位即时地址并可以对话的手表：XXX电话手表"针对的是针对父母怕小孩走丢的痛点，而在手表上安装了定位仪，一呼就知道在哪个位置；"世纪佳缘"网定位"婚介"，针对寻婚配对难的痛点；生命一号补脑液针对的是"学生"脑疲劳与记忆力下降的痛点，而进行大脑营养的补充；老人手机，其大字幕、大按键、大语音量，针对的是老年人视力、听力、行动力的设计等。

（4）消费场景锁定法

消费场景锁定法就是锁定生活中某个细分的 "消费场景"，来定位细分产品。

工作、生活、社交、休闲、分享、兴趣等等，已越来越按照"人以群分"的方式交融在一起。而在"群分"的群体里，正在发生一些特定的消费场景，这种消费场景，越来越与碎片化、移动化、私享化、分享化紧密相联。喝茶、喝酒、吃鸭子或小龙虾，在过去一直是茶馆会客、大碗豪饮、大盘围餐的大场景。近几年，我们可以看到，像"小罐茶"（一罐一泡，私属泡的消费场景）、周黑鸭（鸭子也可当休闲零食）、喜茶/香芋仙（休闲小憩之极佳饮品甜点）、江小白（小聚小饮发发情绪）等各种细分消费场景的产品涌现。这些都是在移动化空间、碎片化时间、小群体分享化、个体私享化、场景情绪化分享的消费场景下的体现，这也是互联网的时代特征与痛点需求：正所谓的"一个人也可以过得很好"这种美好生活的向往与追求的场景，让原来只可以是很多人在一起才能享受到的"大生活"消费产品，裂变成了"一个人也可以好好生活"的生活场景产品。见图2-2。

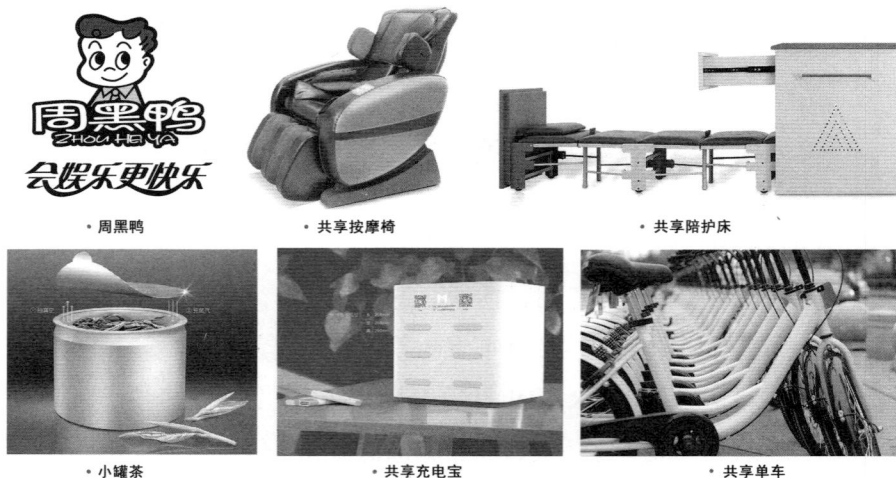

图2-2 消费场景锁定新品类

而且近年，这种场景定位的新爆品成功系数越来越大。比如，三只松鼠，起步只是一个在"互联网"上卖坚果的品牌，通过对"休闲零食场景"深透的理解，开创了一个全新的品类：互联网休闲零食品牌。

移动互联网时代，很多原有的消费场景，因为互联网+，而产生了新的消费场景。当产品找到一个新的消费场景归属，这个产品或许就有可能成为对应这个场的新品类、新爆品。例如，共享按摩椅对应的等候消时场景、共享充电宝对应的即时手机充电场景、共享单车对应的短程骑行便利场景、病房共享陪护床对应的陪护休息场景等等。

由此，从场景消费痛点出发去锁定精准的"产品需求"，往往可以产生真实的强需求产品。时代在发展，科技在进步，人们的生活方式也日益在更新，这种社会条件的迭代在无形中催生出更多新的消费场景，这些消费场景就会有对应的细分产品来满足用户的需求。一旦这种需求成了必然或刚需，程度越来越强了，那么就会催生出一个新品类及新爆品。

什么是 "强需求、次需求、伪需求"

有人说，化妆品是对留住青春容颜的强需求；医疗是生命持续的强需求；教育是提升人的竞争力的需求……人们日常生活的起居饮食、工作社交等等包罗万向的需求，根据需要解决问题的紧急或重要的程度，可而分为：强烈需求、一般需求和伪需求。见图2-3。

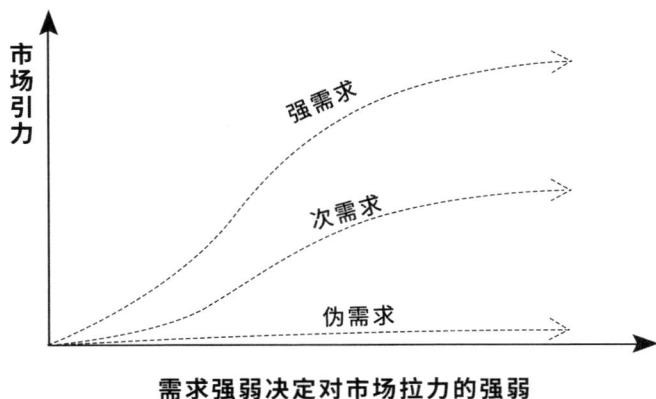

需求强弱决定对市场拉力的强弱

图2-3 需求强弱决定产品的市场拉力强弱

◎ **强需求、次需求、伪需求**

（1）什么是"强需求"？

强需求指的是能解决用户首要痛点的需求；无需再费心力去引导培育消费的客观需求。

例如，"怕上火，就喝加多宝"，加多宝，就是能解决"上火"这个强痛点，并且喝凉茶是人对食物的本能，是不需要费力去培育的，是可以自然持续频率去实现参与消费的；"去屑"就用海飞丝，洗头发，也是人的本能动作，是不需要再培训教育的强消费需求。

（2）什么是"次需求"？

次需求指的是相对于强需求来说的一般需求，用户可以要，也可以不要。

例如现在市场上有一种晾衣服的设备，叫"智能电动升降晾衣机"（见图2-4），它可以通过遥控电机，让晾衣架可以自动升降，并且这种晾衣机还具有照明、烘干、紫外线消毒功能。而我们知道，晾晒衣服，首先"自动升降"才是解决首要痛点的（让挂上衣物及取下衣物操作更轻松便利），而"照明、烘干"是次要需求，因为夜间晾衣只是一部分时间，甚至本来阳台就有阳台照明灯，所以照明不会是晾衣机的首

图2-4 智能电动升降晾衣机

要痛点，对于烘干功能来说，既然是自然晾晒的环境，而烘干功能也只是补充而已，另外对于是否要"紫外线消毒功能"，对用户来说，其实是无所谓的，为什么呢？因为在户外，对于紫外线消毒来说，在大范围的空气环境中，是起不了多大的杀菌消毒作用的，同时，用户根本不会认为，衣服必须要消毒后才能穿。所以"紫外线消毒功能"也就是非常次要的需求，甚至，一定程度上可以说是接近"伪需求"了。

（3）什么是"伪需求"？

伪需求说的是看起来像需求，实际是个假需求，看上去是解决了用户的痛点，实质是一个假痛点，哪怕耗费很大力气去引导或教育，但也可能改变不了的。

"XX品牌石材电视背景墙"是专注于"石材电视背景墙"。产品推出前，做市场分析，都认为：背景墙家家都需要，如按1%～2%的新装修家庭需求，那么市场潜力也是巨大的。然而，实质上，事实并非如此，大部分家庭的电视背景墙是在装修设计时就已经按自己的喜好设计出来了，在房子装修时打包整体施工而成，而有极少数简易装修是不需要电视背景墙的，更有一些取而代之的是木质电视柜家具。

而这个"XX品牌石材电视背景墙"把电视背景墙独立出来，作为一个单独的产品品类来引导消费，这是很难的，这或许是一个用户的"假需求"。

弄清三个概念，找到真实"强需求"

最近有一本书叫《从点子到产品：产品经理的价值观与方法论》（刘飞著），在谈到关于用户价值需求方面，很好地阐述了需求、用户、市场规模这三者的概念认知，我结合本书的观点一起来剖析一下："用户价值强需求"的发现逻辑与方法，产品要找到真实的强需求，必须先弄清楚三个问题（见图2-5）。

第一，产品"需求"是否真的存在？

第二，产品"用户"是否存在？

第三，产品"市场规模"是否存在？

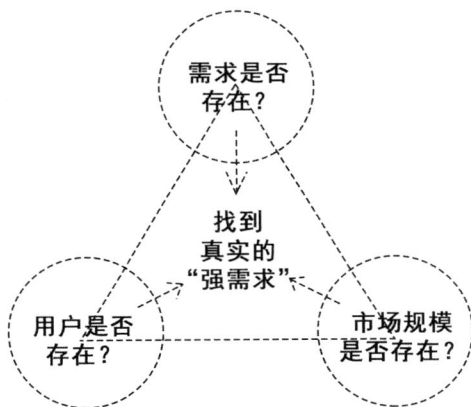

图2-5 需求、用户、市场规模，三者交集才是真实的强需求

◎ 深度剖析"强需求"的三个问题

（1）弄清楚"产品需求"是否真的存在？

产品需求是否存在，直观说就是"消费场景"是否存在，是否存在一个时间或空间，有消费群体在消费此产品或服务。需求是出自于人们的猜测或臆想，还是真实的发现？举个例子，我们在日常生活中，常有生活细节出现需要照镜子，例如，在参加一些场合前想整理一下发型或妆容，需要照一下镜子。然而，在大部分时间里，我们不会随身带一个镜子，而手机是随身带着的，要是手机能有一种照镜子的功能该有多好呀？后来发现华为手机还真设置了"镜子"功能，这应该就是真实需求的发现。"有人拍大腿说，要是有个某某的产品就好解决了"，这样的需求，一定是最真实的需求存在。

而有一些产品，只是出于发明者自己的推测或臆想，而实际是上违背需求的产品。不管如何用力，也不会成功。

举个简单的例子，我有一个广州的朋友，现在也是互联网行业的知名能人，在前几年他最早互联网创业时，他做了一个互联网运动平台叫"DX运动"：DX运动是一款以运动为端口的兴趣社交平台，是基于大数据（运动数据+身份数据+基于地理位置的LBS）精准匹配的运动社交工具。可实现在线约人、约运动、找活动、秀达人、玩部落、在线消费等功能。

其服务定位是：聚焦于20岁到35岁的都市人群，旨在打造"随时随地约运动，每时每刻交朋友"的运动社交生态圈，让陌生人通过一同运动变为好朋友，让好朋友通过一起运动更加志趣相投，让运动又简单又快乐。这个平台从创办到停业，两年多时间，这其间曾有获得资本支持，但最终还是失败收手，为什么？

从痛点理论来分析，我们认为"约跑社交"是否算是一个"痛点的需求"，这还值得商榷。跑个步，或做个运动，还需要约个陌生人吗？需求的程度有多深？有多少人会感觉到，要是有人一起跑就更爽了？是强需求？还是弱需求？

这就是，需求是真实的发现还是产品策划人的臆想并强加给用户的需求？这不言而喻。所以需求的真假决定了一个产品的生命，弄清楚产品的真实需求与使用场景，是一个产品要诞生前最重要的课题。

（2）弄清楚"用户"是否存在"？

我们设定的产品消费场景，有没有消费者去参与消费？意思是说，我们判定的需求，有没有用户存在。而这种用户存在的人群数量是否足够去诞生一个产品或产业。

（3）弄清楚"市场"是否存在？

说的是有多少人愿意接受与参与到这个场景去消费，这个所聚焦的特定人群，能支撑起消费的流量大小，这就是市场的规模性。只满足个案的需求，与满足一个特定人群的需求是有本质区别的。如果需求在"存量市场"或"增量市场"都没有作为的情况下，无论用多大力度去推广都是徒劳的。

前两年，在互联网平台创业高峰期，我有一个朋友做了一个跨境旅游互联网平台，叫"去D兜"：世界那么大，一起去D兜，通过此平台，可以找到当地人导游，量身定制旅游路线，享受当地最具特色的风土人情与吃喝玩乐，再也不要被旅行社牵着鼻子打卡景点，进而由当地人深度随行，当然可以高端定制五星级的个性化服务。然而当真正运行的时候，却发现，量身定制私人线路，需求与服务对接太麻烦了，而提供服务的人群也没有形成一个职业群体，并且付费与报酬很难达成一个平衡点。

客观地说，个案性的私人定制旅游当然是可以实现的，但是当作为一个连接平台或当成一个商业价值市场去做，摆在面前的是，无论是"市场存量"还是"市场增量"都是前景"凉凉"。这个平台也烧了不少钱，最后还是放弃了。

综上所述，强需求存在指的是解决用户痛点的需要。用户的存在：说明用户愿意积极参与到消费场景去发生消费；市场规模存在：说明"存量市场"或"增量市场"是大有前途的。

从现有大市场找到细分需求，创造新品类

产品再细分是创建新品类的有效方法，那么如何进行细分需求，创新品类？

◎ 如何细分需求，创造新品类？

（1）从大品类中细分消费场景，聚焦打造细分新品类，（见图2-6）。

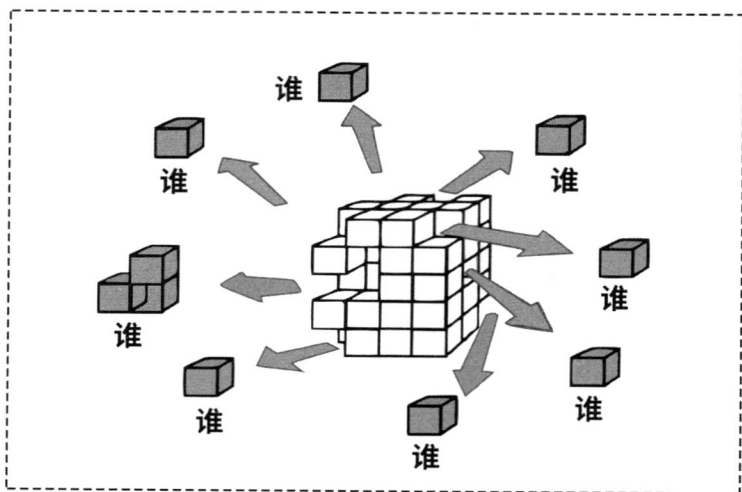

图2-6　把大品类进行场景拆分成细分市场

白酒市场，应该说早已是红海一片，即使不懂酒的人，依然可以从传统营销传播的央视广告标王之争中感受到市场血拼之苦，如果按照常规的做法，新推出一个白酒品牌，无非是从配方、口感、包装、广告，这几个方面发力。如果现在还这样做，几乎是事倍功半，因为白酒行业的大市场已是竞争白热化，再用力也很难脱颖而出，甚至努力的声音与结果都将被行业的白热化氛围淹没掉。

近几年，出现了一个新的白酒品牌叫"江小白"（图2-7），在白酒市场异军突起。"江小白"的成功，得益于它的细分定位——青春小酒，

图2-7　"青春情绪小酒"江小白

年轻人用于表达情绪的白酒，用它自己的话来说，江小白发现了新生代的"匹小"消费场景：小聚、小饮、小时刻、小情绪。

有适合三三俩俩的，小聚小饮二两半装，也有适合团建活动的十人一桌，一起饮的"拾人饮"装。这样，当酒与年轻人的情绪捆绑在一起了，有情绪就应该有江小白，就成了一个捆绑的消费场景。"江小白"围绕着"青春情绪小酒"的定位，展开了"情绪瓶"创作互动与营销——通过"情绪瓶文案"征集活动，让消费者参与到瓶身情绪文案创作，喝酒的人，消费者可以拍瓶身文案照秀朋友圈，表达情绪。让消费场景的人、货、场融为一体：喝酒，表达青春小情绪，已成了大江南北青春小聚餐桌之热捧。

（2）寻找"小趋势"，找到"小趋势"人群的"小确幸"

我们总是习惯性地在分析市场，判断机会时，先关心大趋势。大趋势指的就是社会发展的大走向与趋势。例如，5G智能、无人售货、房价暴涨等等。大的趋势，是一种可见的确定性的趋势，对于商业研究具有很直接的借鉴意义，但在大趋势里寻找商业新爆品机会，往往将面对更大的正面竞争。

而当下，与大趋势相比，不那么明显的"小趋势"，则在它自己的小天地里形成不可小瞧的"蓝海效应"。"小趋势"这个词是由未来学家马克·佩恩提出来的。指的是一小部分人，在我们大多数人视野之外，正在凝结成的共识，正在采取的行动方式，正在进入的生活处境，这就是"小趋势"——这个概念表述，是从逻辑思维罗振宇《时间的朋友》而来的，他说，"小趋势"就是影响趋势的趋势，带来改变的改变。

我们从商业价值的角度上看，"小趋势"是一种最新的"变量"，是可以在这个"小范围"内形成粉丝效应的"蓝海"，是一种具有诞生新爆品的"特定生态圈"。例如，生活当中，以前说到幸福，往往是住豪宅开豪车，而今天有一种幸福的"小趋势"，叫"小确幸"。

"小确幸"是这样一种幸福：欲望本身并不庞大，但却能让人确确实实感受到一种小幸福，哪怕看起来真的是微不足道，也足以让人为美好的生活增添快乐与幸福感，并且这种幸福是可确定性的。

真正的幸福，来自于自己的体验，它是由寻常度日间一点一滴不经意的

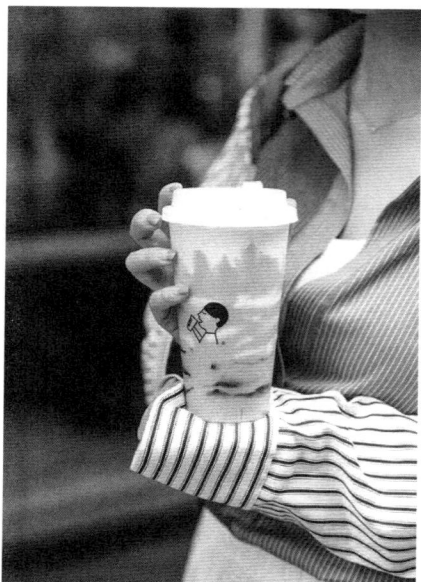

图2-8　奶茶——生活中的"小确幸"

喜悦感堆积而来。人们常感受到：一杯小小的珍珠奶茶就是一种没有压力的小幸福（见图2-8），就这么一杯小小奶茶竟然可以在一个追求生活"小确幸"的小群体内，出现火爆追捧的场面：排长龙购买，而且奶茶分店开满全国大大小小的热闹商圈，从而成了一种具有巨大商业价值的新爆品。

还有人们熟悉的，一个抖动的"声音与视频"（抖音），最早也是因为"好玩"，在一个"年轻爱秀"的小群体传播，进而成为一个成百亿估值的社交新爆品平台。在"小趋势"领域内，形成的粉丝效应，往往是一种种子效应，随着新发现及新圈入人群数量的增加，小趋势也将会成为一种很强的变量，这种变量，通过创新的消费场景去改变或引导人们新的消费习惯，进而延展出新爆品。发现小趋势，发现生活中的小确幸，以对应"小确幸"的消费场景来找到产品需求，这也是新品类诞生的一个路径。

聚焦"单点"，找到新品类机会

聚焦就是让产品锁定精准受众，找到那个"谁"，并找到那个"谁"的精准需求。无论是从产品品类细分法、群体特征法、年纪时段法，还是从场景细分法，或是从小趋势中寻找"小确幸"法来锁定需求，皆基于一个共同的法则，那就是——收窄受众。

◎ 把产品卖给"一个人"

把产品只卖给这"一个人"（这个特征的人）。所以问题就变得更简单了，针对这一个特定的对象，搞明白什么可以做，什么不可以做。找到要做什么的这个点，然后聚焦这个"单点"去用力打造一个细分品类。对于企业来说，可以从以下几个方面来寻求聚焦，寻求新品类新爆品机会（见图2-9）：

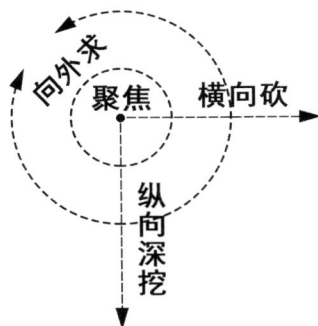

图2-9 聚焦单点，找到"新爆品"突破口

（1）分析外部大市场，切割细分市场、寻找"新品类爆品"机会；

（2）检视内部的资源优势，专注自身长板，发挥自身特长，在这个领域做深做透，做精做强；

（3）基于产品原有基础，做微创新，收窄受众，让产品针对单点优势而做极致，更精准解决用户的痛点；

（4）做减法：砍掉对聚焦定位有干扰的资源与做法，放弃多余的精力消耗，让更多的精力，放在发挥"长板"上。

【教练作业】

1. 按以下品类定位法则，举例出生活中发现的产品新品类，每类举2～3个例子：

品类定位法	产品举例
品类拆细法	
特征定位法	
时段定位法	
消费场景锁定法	

2. 请你举例一个产品，分别指出这个产品的强需求、次需求、伪需求。

3. 请用你自己的语言来分析以下示意图讲的是什么意思？

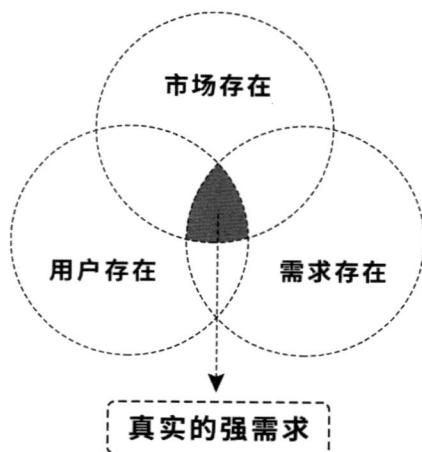

4. 说出你生活中感受到的三个"小确幸"，分析是否存在创造爆品的机会？

小确幸	爆品机会点
1	
2	
3	

5. 简要说说目前你公司的业务应该如何聚焦单点，去创造新品类爆品？

2.2 新爆品的机会判断与用户价值锤

用户情绪分析：愉悦与不爽、愤怒与恐惧

产品的价值源自于它能否满足用户的需求，而产品满足用户的需求，实质上是体现在产品给用户的"底层情绪"带来怎样的解决方案。由此，在谈"用户价值锤"之前，我们有必要来谈一谈"用户情绪"。见图2-10。

◎ **用户情绪分析**

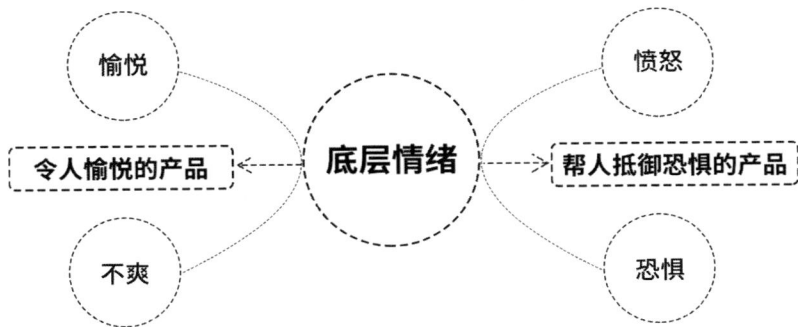

图2-10 用户底层情绪对产品痛点与体验的度量

关于用户情绪这方面的论述，梁宁老师在《产品思维30讲》大课中，阐述得非常深刻。她说，人有四种主要的"底层生物情绪"，它们分别是，愉悦与不爽、愤怒与恐惧，梁老师用很精准的语言定义了它：

（1）"愉悦与不爽"对产品的度量

先来说说"满足与愉悦"。需求被满足，这种感觉叫愉悦。一种绷了很久的需求，突然间被满足了，这种感觉叫"爽"。微小的愉悦感，和

绷了很久的需求，突然被满足的爽感，两者加在一起，这种确定性的满足就叫"上瘾"。

再来说说"不爽与不满足"。满足就愉悦，不满足就不爽。如果一个人没有被满足预期，或者一个人本来在一个满足状态，突然被剥夺了，这也是不爽。本质上，这些不爽的感觉，都是某个点没有被满足。做产品，是通过产品建立与人的关系，通过产品来服务人，本质就是用户是否通过你的服务得到了满足。

为什么要研究"满足、愉悦和不爽"这三个词？

因为用这三个词，你可以度量一个产品的用户价值到位不到位。当你做一个产品，或者用一个产品，自己有没有被很好地满足，你基本可以凭此判断，这是个非常好的产品，还是一个很勉强的产品。而一个满足用户新需求，并且让用户"爽"或"上瘾"的产品很有可能成为好产品甚至是新爆品。

（2）"愤怒与恐惧"对产品的度量

愤怒和恐惧也是同生的一对感觉，都是来自于被侵犯。但是因为个体不同，对侵犯者的体量判断不同。所以，有时是愤怒，有时是恐惧。

那么什么是愤怒？——愤怒，就是感觉到自己的边界被侵犯。

什么是恐惧？——恐惧就是更大体量的愤怒、焦虑、羞耻等。

对于用户来说，恐惧是他的首要痛点。做产品就要抓痛点。但什么是痛点呢？有的也把"难受"归痛点的范围，如生活中有很多难受与不爽。例如，生气、烦躁、不爽、痛苦、厌倦、悲伤、烦恼、茫然等，但只有恐惧才是最高级别的痛点，也就是说如果这个痛点不解决，将会面临非常糟糕，甚至是恐惧的局面。

所以，做一个让人愉悦的产品，或者做一个可以帮人抵御恐惧的产品，都将是一个很好的产品。人们面临很多痛点，但恐惧是最大的痛点，人们会为了解决恐惧，毫不犹豫地花钱，这就是为什么中国的医疗和美容，是最大的市场之一，那是基于对生存的恐惧，以及对青春流逝的恐惧。

◎ 痛点、痒点、爽点都是产品机会（见图2-11）

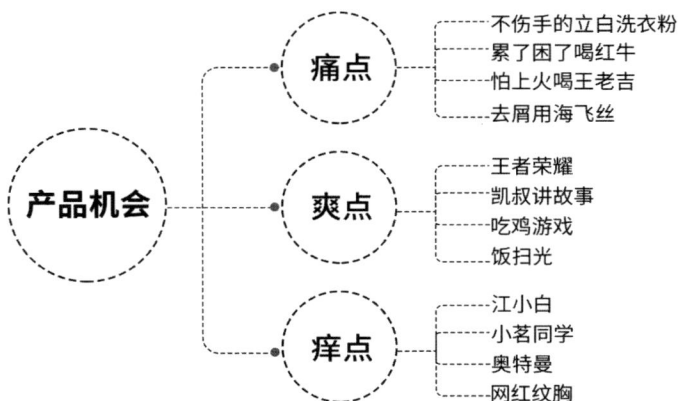

图2-11　产品机会点

（1）什么叫痛点？

痛点就是恐惧。

海飞丝是治愈头皮屑"恐惧"，加多宝是治愈"上火"的恐惧，红牛是治愈"累了，渴了"的恐惧，立白不伤手洗衣粉是治愈"洗衣伤手"的恐惧。洞察用户的恐惧，针对恐惧打造"治愈方案或产品"，这就是最好的产品机会，痛点是产品的第一机会，也是新爆品的最佳切入点。

（2）什么叫爽点？

人在满足时的状态叫愉悦，人不被满足就会难受，就会开始寻求满足。如果这个人在寻求中，能立刻得到即时满足，这种感觉就是爽。足不出户，上"饿了吗"下单，外卖即刻到来，在"河狸家"下单，美甲师就上门给你做美甲了。有需求，还能被即时满足，这就是爽。治愈"痛"，与满足"爽"，其实是相互联系的。从爽点角度打造新爆品，更多注重的是提供"爽"的满足，而不是治愈"痛"的恐惧。就如上面所说，饿了，然后马上可以吃，是"爽"，并不是恐惧。所以"爽"点打造，也是新爆品的一个很好机会点。能爽到爆，就是新爆品。就如现在的"王者荣耀""吃鸡游戏"等让用户爽到"上瘾"了，难怪，那些"90后""00后"成群结队组织一起玩"王者荣耀"与"吃鸡游戏"。

（3）什么叫痒点？

痒点满足的是：人的虚拟自我。换句话说，痒点卖的是"虚拟自我，或理想中的自己"。

近年，各种网红产品层出不穷，例如网红奶茶、网红纹胸、网红口红、网红餐厅、网红美食、网红酒店、网红景点等等。它们的爆红，不是靠抓住用户的某种痛点，而是给用户提供了"虚拟自我"的生活方式，给用户提供了想象中那个理想的自己。通过消费场景来激发用户对同样消费场景与消费生活的向往与临摹。其实网红为你营造了虚拟自我的生活，是我们理想生活的投射。我们购买网红的东西，就部分地实现了自己的虚拟自我。当然，"虚拟自我"只是满足了用户情绪上的一种需求，就是人的底层情绪需求。青春饮料"小茗同学"就是一款以"认真搞笑，低调冷泡"为"虚拟自我"的底层情绪为激发，而引爆的一款情绪饮料。还有蜘蛛侠、奥特曼等各种英雄形象所延生出来的周边产品，受很多儿童及青少年追捧，其内在源起也是被这些英雄故事与形象所吸引了，并虚拟自我了。

（4）好产品的入手点从哪儿入手？

痛点、爽点、痒点都是不错的点。这个就看用户对哪个点感受最深，并最能体现产品的最大化效益。从用户感受最深，最能触动的那个角度与触点去着手用户需求与用户体验，从而定义产品类别与产品体验。所以，痛点、痒点、爽点都是产品机会，更是新爆品打造的入手点。

"强痛点"与"用户价值锤"

◎ 什么是强痛点？

传统营销时代是从产品出发，找卖点，"新爆品"时代是从用户体验出发，找痛点。挖崛用户痛点，是一切产品形成的核心基础。痛点有一级、二级、三级痛点之分，强痛点，就是用户需要解决的至要痛点。

"牙龈出血、肿痛……选用云南白药牙膏"，云南白药牙膏定位"防止牙龈出血"，就是找到对牙龈消炎"至要痛点"的解决方案。当所有智能手机都可以听音乐了，并且音质效果都不错，此时，听音乐或许不再是用户的至要痛点，所以OPPO手机，当机立断从"OPPO音乐手机"的心智定位切换到"充电5分钟，通话两小时"价值定位转型，即抓住了"电池不耐用"的至要痛点与用户体验。顺丰速运推出"次晨达"：在指定的服务范围与时间内寄送的快件将于次日10：30前送达，并承诺如超时派送，则主动为客户减免运费，解决了快件到达超过一天的"痛点"。

◎ **什么是"用户价值锤"？**

锤，就是一"锤"定音的意思，犹如法官锤，有权威力度。

而"用户价值锤"，就是产品以"解决用户痛点"为出发点，一切以用户价值为出发点，并且能给用户带来尖叫的体验，诸如产品功能使用、超高的性价比、设计的微创新、服务的超预期，甚至由此可以吸引大批粉丝参与产品的研发与口碑传播。血海竞争的手机市场里，而为何小米手机能在"瞬间"爆破？——根本源动力是：

一、小米手机找到了"千元智能机"的用户超预期价位；

二、小米智能手机"运行更快"的超强价值体验。这个用户价值锤，让小米手机瞬间推到风口浪尖。

同样在白酒市场已是"江山已占，无可撼动"的格局下，江小白依然能在短短的几年内，轻松破10亿规模，归根到底它找到了"情绪青春白酒"的价值主张。"全民K歌"手机K歌，能在短短的时间，积粉过几亿。那也是它抓住了"手机K歌"娱乐分享，K歌不一定要去歌厅，一个人也可以K歌的新价值。近年在一些公共场景出现的"共享充电"，满足了用户随时可以充电的价值需求。在此，我们要阐述的一个观点就是，产品要找到最强的那个痛点，要找到解决这个点的价值方案，这个价值方案就叫价值锤。

"新爆品"的心智定位

与"用户价值锤"相孪生的一个概念是"心智定位"，指的是用户被"价值锤"所长期训服，并在记忆里铭刻成了心智认知。如"去屑就用海飞丝"，长期的认知就成了沉锚在用户内心的心智。

1. 什么是心智定位

所谓的心智资源，就是当提起某个消费场景、产品品类或某个概念时，消费者脑袋首先想到的品牌或产品，如怕上火就喝加多宝，"累了渴了，喝红牛"、"不伤手"的立白洗衣粉，安全汽车就是沃尔沃，时尚办公家具就是华旦，大件快递发德邦。这是产品价值对用户聚焦作用，长期打磨出来的心理认知。

一般来说，人类的心智是追求简单，拒绝复杂的，并且心智容量是有限的，很形象地说，在人的心智中，对产品的归类有一系列"梯子"，每一把梯都代表一个品类，每一把梯子的每一个台阶都有一个品牌，而这些品牌在消费者心智中的排序是自上而下排列，排在最上面的就是他最优选择的品牌，他最首先想到的品牌。那么，要让产品排在顾客购物心智的"最上台阶"，就要有很好的"用户需求痛点"解决方案。而最好的方法就是重新造一个梯子，重新创造一个新爆品，这个新爆品解决对应的用户痛点，让用户最能记忆代表这个品类的品牌，这就是心智定位，即价值定位。

如下图，品类1和品类2都已有很多品牌占据了用户心智梯子的每一格阶梯，此时如果再往这两个品类中去挤新的品牌，就很难挤进去，很难让用户记住这个品牌，那么最好的竞争方法就是创造一个新的品类，同时设定一个能代言此品类的品牌，去占据品类3这个梯子的第一位阶梯，见图2-12。

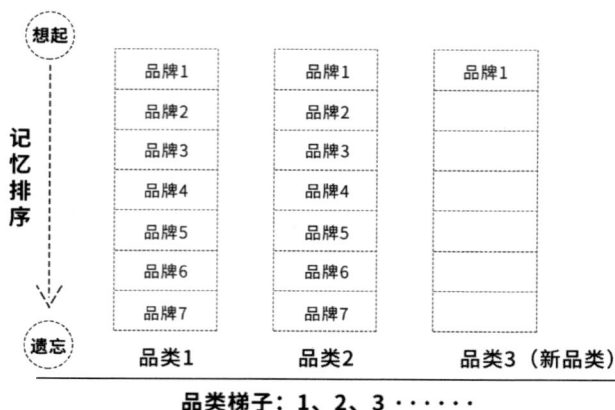

图2-12 品类品牌与用户心智阶梯示意图

◎ 找到"锤子力"更强的心智定位

在产品知足时代，产品有一般功能用途就行了，竞争要取胜，只要做好一点：在用户面前大声喊："用我的产品"，就看谁在用户面前喊得响，并且能喊到用户的内心去，就行了。

例如，之前提到的广告："送礼就送脑白金""神州行，我看行""万家乐，乐万家""舒肤佳，促健康为全家"……这就是传统工业化时代的"心智资源"竞争模式。

随着用户的"消费升级"，原有的"知足时代"的产品现状远远满足不了用户的欲望，"更好的产品体验"才是用户的第一追求。"用户体验好"包括产品的品质以及给到用户的精神享受。产品的用户体验价值更强，才会更牢固地占据用户的心智，此时，心智竞争已进入到"以产品价值锤打造用户心智"的竞争模式。同时，用户的心智也包括三个纬度阶段：知晓度心智阶段、品质度心智阶段、愉悦度心智阶段。一个具体的产品，需要从哪个纬度阶段来打造心智体验，是需要从实际的消费场景中去感知用户的体验后来决定，这样才能找到"锤子力"更强的心智定位，见表2-1。

表2-1 用户心智发展的三个阶段

用户心智阶段	用户体验侧重点
知晓度心智阶段	产品注重功能：实用性强、多大求全
品质度心智阶段	产品注重品质：高端品质，奢华高贵
愉悦度心智阶段	产品注重愉悦：体验愉悦爽

一、传统心智定位与新爆品价值定位

传统工业时代，以公司为中心，以品牌为王，以渠道为王，以规模为王；移动联网时代，以用户为中心，以"体验"为王，以用户为王，以口碑为三。产品时代是"顾客心智定位+产品信任状"的打法。而新爆品时代是"新爆品价值锤+用户体验信任状"的打法。对比一下：传统心智定位的主战场在"心智"，认知大于事实。这适用于工业时代、传播爆炸时代，实现手段是营销、广告，本质是提供可以证明"心智概念"的说服力（信任状）。

而新爆品时代的主战场是产品：用户体验第一，口碑第一，这适用于移动互联网时代、产品过剩时代，实现手段是做好产品体验、吸引粉丝分享，本质是打造用户价值锤。

二、如何找准"新爆品"的心智定位

"新爆品"心智定位如何来打造？

最直接的方法就是让"用户价值锤"植入用户心智。在产品过剩的年代，特别是在移动互联网时代，"定位"的心智要到"用户体验"里面去找，而不是从"产品特点或卖点"中去找。也就是首先要在"用户体验"中去找到"心智痛点"与"消费感受"，再用实际行动去实现"用户体验信任状"，即所谓的一切让用户可以触及的"叫好的体验价值"，来占领用户的"痛点心智"，只有找准了"痛点"的"心智定位"，才能最快占领用户心智。为了更好地理解什么是传统心智定位、什么是新爆品价值定位，我们以表2-2来对比剖析：

表2-2　传统心智定位法VS"用户价值心智"定位法对比

对比纬度	传统心智定位	"新爆品"价值定位
理论依据	认知大于事实（认知即事实）	"用户真实体验"为事实
定位路径	顾客心智定位+产品卖点信任状（证据）	产品价值锤+用户体验信任状（证据）
强化工具	砸广告，喇叭大声喊	强化用户体验与口碑分享
代表作	脑白金：送礼就送脑白金 好空调，格力造	海底捞：极致体验 好门锁，要静音——名门静音门锁

新爆品，基于能解决用户最痛的痛点，这就好比是一把"用户价值锤"，把产品的价值定位植入到用户的心智中。换句话说，新爆品的心智定位，是从用户体验设计中来构造。

【教练作业】

1. 分别举例生活中，以痛点、爽点、痒点为产品机会切入点的新品类例子，并指出这个产品的痛点、爽点、痒点所在。

2. 说出你所经营的产品的价值定位，并提炼出这个产品所要打造的心智定位，以及这个心智定位的体验信任状是什么？

掘金实战：一撕得拉链纸箱——3秒开箱快感的"新爆品"

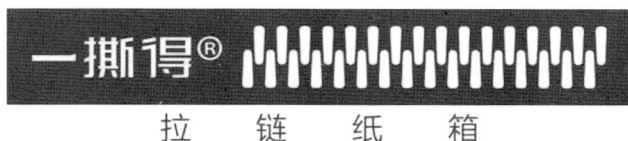

图2-13　一撕得拉链纸箱LOGO

◎ 一条简单拉链带来不简单的变量

我们每次寄快递箱时，总是用胶带缠了又缠，就怕包装不结实而破漏寄件；也怕运输过程中各种野蛮装运，出现破损等情况。拆快递箱的时候，我们通常都需要拿剪刀等工具割开五花大绑的胶带封口，方可一层一层打开箱子。这对于寄件人与收件人来说，都是超级的麻烦与不爽。这就是传统纸箱包裹的"极度痛点"：费时、费力、费财，体验感不爽。但这个痛点存在了几十年。

但是现在有一种创新纸箱，纸箱上装上了"拉链"，只要轻轻一拉，3秒就可以打开纸箱，特别方便。包装时，只要撕开一层薄膜自然合上纸箱就算打包完成，不需要任何胶带。而且更奇妙的是，这种纸箱可以根据所包裹物品的特性来定制纸质厚度与相应抗压力。这个纸箱叫"一撕得拉链纸箱"。

一撕得拉链纸箱的发明，源于其创始人邢凯的切身"痛点"经历。起初，邢凯创业做电商，他的团队每天要与几百上千个五花大绑的物流纸箱包裹打交道。邢凯意识到，作为网购商品包装的纸箱，充满了太多不好的用户体验。如果能让用户在见到商品之前的开箱过程也成为一种愉悦的体验，这是不是可以成为改变传统包装行业的一个机会。作为网购的重度使用者，邢凯憎恨一切难缠的包装，厌恶一切难开的包裹。于是他开始自己定制符合自已要求的"有人性化设计"的纸箱，减少或不用透明胶带，使包装箱拆装更方便，最终设计一款双头拉链纸箱，一撕即开，可以让用户体验3秒拆箱的快感。阿里巴巴、京东、小米、苏宁、顺丰、唯品会、欧莱雅等都争相使用这个带拉链的纸箱，见图2-14。

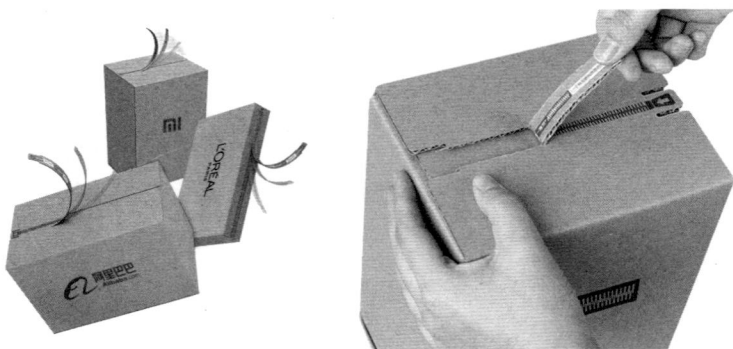

图2-14　一撕得拉链纸箱

◎ "一撕得"为何骤然成"新爆品"

一、一撕得拉链纸箱的创新思维

为什么"一撕得"那么受欢迎呢？这归功于拉链纸箱的设计可谓是极具创新思维。

（1）双拉头，"3秒开箱"快感。

"一撕得"纸箱装上"拉链"，打开方法极其简单，只要一个撕拉动作，就可打开纸箱。纸箱开口位置的"拉链图案"让人一看就可知道如何撕开。特制的波浪型双面胶，只要一秒就能撕开，极大地提高了纸箱包装的效率。

（2）"数据化"算法，满足个性定制。

"一撕得拉链纸箱"可通过"数据化"算法，针对不同的包装产品，计算所需不同的纸箱抗压、抗摔等参数，做出性价比高的纸箱，实现个性化定制。并且，每个纸箱都有一个质保章，纸箱的质量能得到很好保障。

（3）打造纸箱采购平台。

在纸箱行业，有着"纸箱供应200公里运输半径的魔咒"的说法，这是由于一旦运输路途超过200公里，就大大增加其成本。

因为这个原因，纸箱行业的发展受到了限制，市场集中度比较低。"一撕得"首创行业双向SAAS智能服务平台，通过平台将纸箱订单数据进行整合后，直接发送到与"一撕得"合作的近百家全国最优秀的纸箱厂手中，让它们进行纸箱生产。纸箱生产的普通材料由纸箱厂自行采购，而双面胶、拉链条等关键的配件由"一撕得"提供，这样既保证了"一撕得"纸箱的供应，也保留了"一撕得"的核心技术。通过这个平台，一撕得纸箱不再需要担心纸箱运输路径过长的问题，从而打破了"纸箱供应200公里运输半径的魔咒"。

二、深挖用户痛点，简单极致设计

好的产品源自于正确解决用户需求，创始人邢凯说，"要把自己当成用户去思考，去抓需求。"接下来说说一撕得拉链纸箱抓住了哪些用户最关注的细节，把产品做到最极致。

（1）拉链开箱是最简单的动作，设想自己就是用户，每天开快递箱很不爽，找剪刀不爽，撕胶带不爽，所以就要发明拉链解决它；

（2）用箱子最多的是快递员，那么快递员用箱子的时候怎么才能不被刮伤呢？一撕得拉链纸箱研发波浪齿圆角边，更柔软；

（3）既然决定不用胶带了，怎么才能方便？于是发明了波浪双面胶，胶水本身还要适应零下40度至零上80度环境，不会在极端天气下失去黏性；

（4）更令人惊喜的是，这小小的纸箱还能防盗。因为整个纸箱充满了圆角，只要不是从拉链处开启箱子，圆角处必会留下痕迹。

拉链纸箱是一个拥有互联网思维的纸箱，这个包装跟传统纸箱极不一样。首先它具有极强的人格化，拥有三秒的撕拉开箱的快感，它重新定义了一个新爆品：带拉链的纸箱包装。

2.3　高颜值，一看就喜欢

"高颜值"，新爆品的外在价值力

◎ 用户为什么乐于为"颜值"买单

生活中往往有这种感受，我们购买、体验或想拥有一样东西，往往是因为好看。因为好看，可以满足我们的心理审美就喜欢这样东西，就想拥有，没有其它理由；然后我们再来考虑这样东西的实质用途是不是我们所需的。

另一种感受是，我们已经有了需要购买或选择某类东西的目标，我们往往会在众多的同类产品中选择一种自己认为最好看的。也就是说用户往往乐于为颜值买单。新爆品，首先是一个差异化的新品类，同时又是一个流量爆棚的产品。更需要在产品外在感官上首先能吸引用户。对于一个具体的硬件产品，颜值可以体现在多个方面：

（1）产品的外观视觉；

（2）产品与用户的触及点细节；

（3）产品的包装设计；

（4）产品的销售场景展示；

（5）产品的消费场景表现；

（6）产品的色彩个性等等一些能冲击人的视觉的元素、符号。

当人们越来越注重精神感官的享受，那么用户对产品的颜值选择更是放在首位。就好比剁手党在网购东西，图片与视频的精美是决定他们下单的首要因素，电商江湖有一句话叫：无颜值，不爆品，实属不过分。

◎ "高颜值"，新爆品的外在价值力

欣赏一个人始于颜值。颜值，就是"好看"的程度。影响一个产品的颜

值主要有这几个方面：

· 外观视觉设计好看；

· 微创新语言与符号感；

· 物理材质应用的品质感；

· 制造的工艺水平、精致程度；

· 流行或身份文化象征的程度等。

好看、新颖、质感、审美感、时代感，综合起来，组合成产品很好的物质体验。高颜值是"新爆品"的起码要求。实际上，"中用的""好看的"，人们首选是在"中用的"产品中，挑选"好看的"。

（1）产品的"高颜值"是事先设计出来的

有一个灯具网站取名"设计师灯"，是基于设计师的眼光，收集"设计感"很强的灯具，每一款灯的外观、创新、质感都把颜值体现到极致，普遍售价高出同类一倍以上，但销量却非常可观。我本人在网购产品，查找产品时也习惯于加上关键词"设计师"，如设计师挂画、设计师家具、设计师软装、设计师灯等等，这样搜索往往可以查找到设计感强、颜值更高的产品。这就是说，产品的"高颜值"不是天生的，而是精心设计出来的。设计师喜欢的相关产品，一般情况下，就更具有设计感，颜值会更高。

（2）产品的"高颜值"要迎合"特定用户群体"的审美

产品的高颜值，除具备设计感外，往往要符合用户群体的时代审美感。颜值感的设计要能迎合用户的审美，包括色彩、材质、造型、文化元素等等。当然，"颜值"是否高，这需要从特定消费群体的角度来审美，而不是从旁观群体的角度或从科研角度来判定。

"高颜值"可以定义一个新品类

日常中我们时不时会碰到一些非常普通的产品，甚至是一些非常冷门的不起眼的产品，然而却就一下子火起来了。甚至瞬间成了被热点关注的新爆品。

例如，电动螺丝刀，这是一个极其低关注度的产品，只有涉及到工厂车间、产品安装或连接固定件时才会用到的一个产品。我们在几十年前见到的电动螺丝刀是这个样子：笨笨的，重重的，到现在依然还是那个样子，一拿起来就感觉要做大工业、大动作的场景。

然而，小米米家推出了一款定位为"居家用"的电动螺丝刀，这种"居家用"的定位，让一向工业化很强的工具成了"居家生活"轻工具，适用家庭日常生活中各种"螺丝拧"。围绕这种定位，电动螺丝刀以家居用品的思维对产品进行了颜值的打造：外观体积精致小巧，握感更好；无绳便携；表面一体无螺钉，表面UV质感烤漆，加装环形LED灯，清晰照明，整体非常精致质感。

很多用户，一看这款产品的外观，就立即喜欢上了，甚至一些家庭主妇，也主动购买，高颜值的电动螺丝刀，让女性也有想拧螺丝的冲动。我在米家官网看到众多极好的用户评价，其中有一个女用户的评价尤其让人惊奇：因为家里的宝宝刚刚出生，对于她现阶段这款产品最有用了，因为宝宝玩具需要拆装，还有一些推车和摇摇床的拼接都要用到，因为自己爱人上班较忙，不可避免偶尔也要自己动手组装，她觉得对于女性，可以更好地去体验与感觉组装过程。我在想，如果这依然是一款笨笨重重的"工业化大工具"，大部分居家女性（女汉子除外），可能就不会那么喜欢了，更不要说让居家女性也有拧螺丝的冲动。见图2-15。

图2-15 高颜值的电动螺丝刀

◎ **高颜值产品自带用户流量**

（1）好的产品，美的东西，更能引人注目。

当"美"的产品让用户拥有了美的体验，用户会情不自禁发朋友圈，去炫耀或分享，这样就影响到更多的用户。这就是说，"美"可以带来更多的用户关注与用户流量，有流量，才有新爆品。相反，用户不愿意分享传播的产品，很难成为新爆品。例如插线板，一向是解决用电接线的问题。人们购买插线板一般都是到五金杂货店去购买，几十年来，对于插线板的美丑，从来也没人关注过，只是能接上电，安全不短路就可以。

随着网络生活的品质需求，那种工业化时代重用途的"大块大排的，厚重板板"的插线板，越来越被年轻人感觉"笨重无趣"。甚至给我们的生活带来很刻板的感受。一种集电源、USB、影音数据线插口于一体的智能插线板悄然兴起，这种设计成各种时尚造型的智能插线板，美观创意，精致小巧，重新定义了电源插线板：互联网原生居民"网络生活电源数据小备件"，在年轻一代的居家办公生活中倍受欢迎。一种能装进口袋的插座："麦逗智能排插"就是基于其"高颜值"的定位而在年轻时尚群体中倍受追捧。如图2-16。

图2-16 高颜值的智能排插

这些小猫、小狗、小猪、毛毛虫等动物创意插线板，造型色彩时尚，主要针对年轻人手机充电、IPA电脑、网络接线，摆在办公书桌上，与个人物品相映，非常时髦，而且体积小巧，方便上班或出差携带，似乎只有这种"高颜值"的插座才配得上年轻人使用的智能手机、电脑、IPA等时尚科技型电子产品，这对于互联网重度用户来说，就是很好的炫耀物，可以在朋友圈内很快得到传播，高颜值产品自带用户流量。

（2）高颜值，让人一看就喜欢

在以前，办公家具只需满足伏案作业即可。而现在办公生活也可以"高颜值"。"办公"空间现代一点，办公环境时尚一点，办公家具"高颜值"一点，年轻一代更喜欢待在办公室多点时间，办公生活更加轻松，更加高效。华旦，以"时尚概念"去对传统的办公家具重新定义，打造出了一个全新的品类：时尚办公家具：注重产品时尚的外观设计，新材质的创新应用，时代流行的配色，互联网时代用户体验的功能设计。近几年，众多时尚电商公司、互联网公司、年轻创业公司皆纷纷一改以往的"庄重办公"风格成"时尚办公"，他们可以根据企业自身的特点，以及企业自身的定位，来定制自己的时尚个性的办公空间，华旦时尚办公的消费群体与时代审美不谋而合。基于华旦时尚办公的"高颜值"，吸引了很多时尚电视剧的剧场办公场景也选用华旦时尚办公家具。

我们发现，当企业的办公环境更时尚时，员工在这种年轻、轻松的环境中，工作更开心，更放松，更热爱工作。一些年轻的员工也情不自禁地把这么时尚的办公环境拍照秀朋友圈晒办公环境的高颜值。华旦时尚办公家具就是靠高颜值取胜的新品类。

【教练作业】

1. 列举出一个你生活中碰到的高颜值产品，分析你对这个产品的价值感受。

2. 列举出一款一般的产品，你策划一下：你将从哪些角度把它升级成高颜值产品。

2.4 超预期的用户体验

什么是用户体验？

用户体验，指的是用户在使用一个产品（服务）前、中、后的所有感觉与感知：如产品中不中看、中不中用，用得爽不爽，喜欢不喜欢，值不值得显摆、炫耀或推介。用户体验，不仅体现在"颜值"方面，还体现在"以用户为主体"去感受到产品所能提供给用户的价值创新方面。

例如，产品的设计、微创新与快迭代、价格设计、渠道推广、传播仪式、销售服务等各环节的微创新。深入地探究如何去做好用户体验这个课题，也就是要分析到这个产品与服务提供者，在产品的"战略设计"与"策略路径"规划上，是如何提供可确定性的资源去给用户带来的"价值定位与价值实现"。

◎ 极致的用户体验是什么样的

网红餐厅"雕爷牛腩"，成为很多人享受美食的好去处。它的成功之处在于将自己定位为"卖特色服务的餐厅"，还为自己树立了"轻奢侈"的用户体验标签。比如，它的上菜顺序是法国式的，服务礼仪是日本的，小菜是韩式的，汤是泰式的，就连最基本的前菜也是越南的春卷。这种服务方式看起来复杂，但却带给消费者耳目一新的感觉，在来到雕爷牛腩用餐前，几乎所有顾客都没有享受过如此高端和差异化的服务，这让消费者有"专属的、尊贵的"仪式感与参与感，给他们留下了难忘的印象，会吸引他们再一次到来。

互联网坚果第一品牌"三只松鼠"在产品方面以及电商销售过程的很多细节，用户体验都做得较特别：

（1）贴心的发货通知短信

"主人，您在松鼠家订购的森林食品，鼠小箱已穿戴整齐，快马加鞭向您狂奔而来了哦。耐心等下哟，满意记得给5分哦。"货还没到用户的手中，就在用户心目中留下了很强的亲和力，烙下亲切的品牌印象。

（2）贴心设计的小工具

打开纸箱，内有一个赠品袋，装有一些小用具。一个铁揪片，用于剥果壳用，一个塑料夹子，用于在吃不完时，可以用夹子夹住袋子，暂时存放；一个湿巾袋子，给用户擦手；一个备用果壳袋，用于存放果壳，不乱扔果壳；一个钥匙链子挂件，让用户当小饰品，带在身上，对三只松鼠时时心念念，加深品牌印象。

（3）多层防水包装

三只松鼠很讲究包装用料，外层厚厚的牛皮纸，有防水过塑层，防潮防霉。而且产品包装美工设计颜值特别高。拆开外层包装，里面还有个同样是材质上乘，做工设计精美的内包装，同样是防水过塑，确保食品不氧化，原汁不变味。

"超预期"的用户体验，更能体现产品价值。极致的用户体验，是用户得瑟的"资本"，更愿意主动在朋友圈传播，扩大影响，吸引更多的粉丝；好的用户体验，是"再购、转播、推介、再购"的决定性因素。

当然，综上所述以及日常我们所感受到的"用户体验"，一般是用户可以切身体验到的对"产品服务"的感知，而深入研究用户体验，则有更多的纬度与内容。这章节我们将结合用户体验的一些纬度来分析新爆品在用户体验方面的极致做法。

用户体验的表层纬度

"用户体验"是直接检验商品是否足够好的"过磅称"。

近年，有一个鞋品牌叫"多走路" 舒适鞋，产品的核心主张是"多走，多舒服"（走起路来，很舒适的意思）。这个品牌的鞋子，最大的特点是走起路来更舒适。创始人整整花了六年时间，终于研发出了一种特别舒适的鞋底。这种鞋底相对市面上的鞋底，最大的优点是：减震，高弹，超轻，耐磨，止滑。穿上这种鞋，走路很轻松，有弹性，很舒适。多走路鞋具有超强舒适度的功能使用，具备极强的差异化竞争优势。见图2-17。

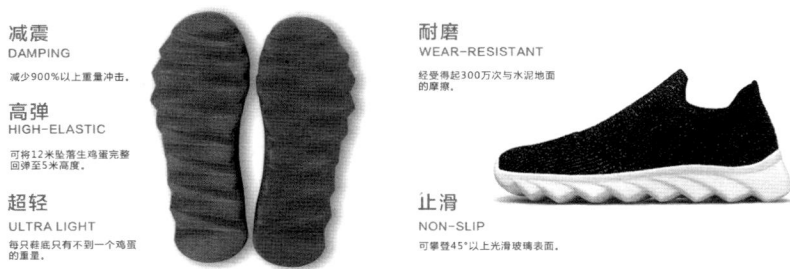

图2-17　"多走路"舒适鞋

对于一个具体的产品或服务来说，其感知层、角色层面以及使用层面的体验感会首先被用户体会到。能够把表象感知层面、角色感知层面、功能使用面做到极致，那么这个产品的"用户体验"就已经是很不错的了。

◎ **产品的"用户体验"从哪些维度去感知？**

Jesse James Garrett和梁宁老师在《产品思维30讲》中从方法论角度较系统地阐述了"用户体验"的认知与实际操作，让我们对如何做好"用户体验"有了非常清晰的认识。

Jesse James Garrett的《用户体验要素：以用户为中心的产品设计》中以用户对一个网页的体验表达了：一个较完整的用户价值体验包括着清晰的五个层次：产品表象层、产品角色层、资源构成层、功能内容层、战略存在层。这讲得极度理论化。而梁宁老师在其大课《产品思维30讲》中则结合这五个方面，对人的体验与对产品的体验上作了系统认知升级，非常通俗易懂。我结合此前两位老师以及自己的一些理论观点，对用户体验的几个层面，拆分成两大部分来分析：

一部分是用户体验的表层维度（看得见的维度）；

另一部分就是要实现用户体验所需要提供的"资源配置"维度（这是藏

在产品后面看不见的东西）。

这一节我们先来理解，用户体验的表层纬度，包括三个外在感知维度：产品表象体验、产品角色体验与产品使用面体验。

（1）直观的感官体验

产品表象层面体验指的是，在视觉、味觉、听觉、触觉所感知到的，有形与无形的。比如：一个产品看相美不美？喜不喜欢？质感如何？又好比你看到一个人的第一印象，他的身材相貌、语言、衣着；常说的这个人好不好看，说的就是感知层面的体验感好不好。对"表象感知"层面的体验，是产品体验最直观的层面，对于一个产品，首先能够感受到的也就是这个层面。直感层面的好体验，是不需要更多后天的知识文化与逻辑思维来感受的，是平常人就可以感受得到的，一个产品或服务在表象感知层面的体验感越好，就越容易被感受得到，并被传播。

（2）产品角色层面体验

产品角色层面体验指的是通过一个什么样的角色来供给"体验服务"，用户体验的表现形式是如何的。好比看一个人，指的是这个人社会生存角色，通常说，是从事什么职位或工作岗位的？是空姐、服务员、警察、企业CEO……人会被这些职员角色训化，包括精神面貌、行为举止与习惯养成，这个是对其在角色框架层面的体验感。一个产品或服务，在进行价值提供与服务过程中，实际上就是一个角色，这个角色在进行了"岗位人格化"的包装与训化后，对于用户来说，是可以感受与体会到的。角色化越鲜明，那么，用户所体会到的服务就会越专业与独特尊贵。就好比一个空调维修工，当他在工作现场，地上铺上一块保护布、带上一双手套的那一刹那，用户已经体会到了他的岗位化职业素质与角色专业程度。还有我们常看到麦当劳、肯德基外卖跑腿哥，背个标识明显的大箱子，就很快感受到"外卖角色"的专业，进而对所送食品保鲜有较强的信任感。

（3）产品使用面的体验

一个产品好不好用，能否很好地解决用户的痛点，这指的是产品功能价值层面。就是这个产品能否提供确定性的解决方案。无论是对于互联网产品，还是传统硬件产品，产品的使用面才是产品价值的核心。最简单便捷高效地满足用户的需求，用最符合用户人性化的方式去迎合用户体验的愉悦，是产品使用面的追求。相反，在使用过程中，如果产品使用复杂，或给人心理压力、危险担忧、费力耗时，则是反映一个产品不好的使用面。对于"新爆品"来说，产品使用面，更能体验产品的独立力量，"新爆品"之所以"爆红"，一定是这个产品符合了特定的功能定位，解决了某种特定的痛点。飘柔让秀发更柔顺、"一撕得拉链纸箱"3秒开箱，都是在产品使用面上给到用户最直接的体验，这是产品价值的核心。

如何绘制用户体验路径图

用户体验路径图，就是通过画一张图，以用户为主人公，从一个特定用户的角度出发，他是怎么使用产品与服务的，他与产品或服务进行接触、进入、互动的完整过程，这个体验路径图是以用户接触点为体验节点的。那么怎么来画用户体验路径图呢？我结合梁宁老师的这个理论和华旦时尚办公家具实体专卖店的"用户体验路径图"来重点分析用户体验路径图的设计方法。

◎ **用户体验路径图的五个要素**

一般来说，一个完整的"用户体验路径图"需有以下几个要素：

（1）这是一个什么样的用户角色？（对用户的画像要非常明确清晰）；

（2）这个用户对产品体验的目标和预期是怎样的？（他想达到怎样的目的？）

（3）用户在体验过程中有哪些关键的用户体验接触点？（用户从接触这个产品或服务，到体验结束，这个过程中会跟产品有哪些接触点，你需要在这些接触点上服务用户？）

（4）用户体验路径：体验路径是从始而终的，包括起点、过程、终点，这个过程连起来就是一个体验故事。

（5）用户情绪曲线：用户在体验场景中是会被触发情绪的。指的是在体验过程中，用户的情绪是如何变化的。可以是正面的情绪，如满意、舒服、愉悦；也可以是一般或负面的情绪，如一般、不舒服、糟糕。

用户从接触产品或服务开始，到达成自己的目标期望为止（或者放弃为止），整个流程可以用画一个坐标图来表达，横轴是用户的使用路径与服务接触点；纵轴是用户情绪等级。

这样就可以得到一条用户在与产品或服务互动过程中的情绪波动曲线了。用户体验路径图，就是表达如何描述用户画像、用户预期与目标、服务触点与情绪触发的一个过程，把这个过程连起来，就是一个用户体验的故事。这个用户体验逻辑，既适用于"互联网"产品，也适用于传统硬件产品服务。

掘金实战：华旦时尚办公家具的用户体验路径图

我们来看一下华旦时尚办公家具实体专卖店的"用户体验路径图"。

图2-18　华旦时尚办公家具专卖店外观

首先，我们来分析一下顾客对华旦时尚办公家具实体专卖店的用户体验五大要素：

（1）用户角色画像

华旦时尚办公家具的用户是这样的一些公司：类似互联网科技时尚型创业公司、金融公司、IT公司、电商公司、设计创意公司、汽车4S店、文化传媒公司、孵化基地、地产公司、CBD商务写字楼、万众创新公司等现代企业。产品的购买决策者与产品使用者大多偏向年轻时尚，有时代审美情趣，对时尚办公家具青睐有加。

（2）用户的目标和预期

用户希望在财务预算范围内完成办公家具采购，要求产品要有较高的性价比；要求产品要时尚现代，符合企业的文化个性；要求产品的品质高、交货安装服务响应速度快。

（3）用户体验关键触点

用户走进店内到完成全程，用户体验的关键触点是：前台接待，参观解说；产品体验、产品选款，方案配置、产品议价、茶歇洽谈；签单送货。

（4）用户体验路径

用户整个体验路径（故事）是：停车，前台接待，沿动线绕场参观，导购解说，参观产品陈列，产品体验，空间场景体验，休闲茶歇，产品选型，产品配置，方案演示，价格商议，库存查询，签单付款，送货安装。

（5）用户情绪曲线

用户情绪曲线分为：爽、愉悦、舒服、一般、不舒服，极不舒服等五级情绪。

我们按照横坐标是用户的体验路径，竖坐标是用户的体验情绪，画一个坐标图，再把用户路径的每一个关键体验节点，对应用户的情绪程度标识即形成了一幅用户体验路径图（见图2-19）：

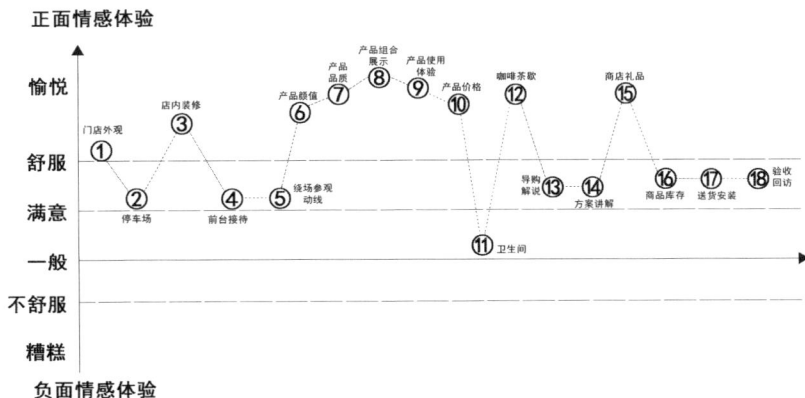

图2-19 华旦专卖店的用户体验路径图

图2-20　华旦专卖店店内场景

通过用户在专卖店体验路径中各个节点的情绪表现，我们可以很清楚地看到，我们应该怎样来围绕用户的目标期望去设计服务节点。

（1）针对主要人群（家具参观与选购者）应该设计哪些用户体验触点；

（2）剖析出哪些环节的用户体验触点做得好或不好，应该强化哪些环节的"用户体验"，让用户更愉悦，并能更有效地促进成交。

例如，强化场景体验感，能让顾客更长时间地停留在店内体验产品；营造休闲轻松的洽谈区并备好水果、茶点等，能让顾客感受到宾客如归般的尊贵感；强化用户产品配置方案的现场模拟效果图再现，让用户感觉"花更少的钱购买到更高品质"的产品；强化库存的充足，让交货高效及时等等。

这也是接下来要讲的另外两个重要内容：

（1）如何配置资源去确保上述"用户体验预期"的实现；

（2）如何在"关键服务触点"上设计超预期的体验服务，好钢用在刀刃上。

用户体验的"峰值"与"终值"

我们都有过这样的体验：去海底捞吃火锅要排号等待是常事，或许海底捞火锅并非最符合你的口胃，或者对你来说味道也很平常，有时上座后，甚至还需要等待较长时间上菜，甚至你可能感觉价格并不便宜。

然而，却很少听到对海底捞的差评，相反都是好评、超好评居多。为什么？——那是因为在海底捞能让人感受到更多超出预期的用户体验，例如，排队等号时，不断有服务人员给客人赠送小零食饮料、或给女性提供免费美甲发艺等；就餐中，又时不时赠送新鲜水果，或提供衣物护套、手提包护套保护等贴心照顾；结账时，还有时减免零头让人占得小实惠；离店时都像送亲朋好友一样送上热情的祝福与微笑，有时还送一些小礼品让人觉得好有亲情感。

类似的体验现象，生活当中相当普遍，都有一个共同规律，这些体验给用户留下深刻记忆的是，过程中最好的体验高潮（高峰）以及服务结束（终点）时拥有的愉悦体验，这种现象叫"峰值与终值"效应，如图2-21表述：

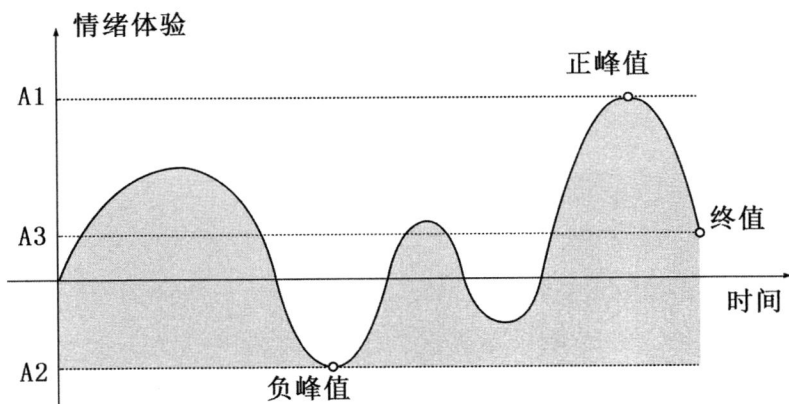

图2-21　峰终体验定律曲线

人们对一个产品或服务的"用户体验"的整体印象就像如上图表述的综合：（E）＝（A1－A2）＋A3，也就是说，整体印象都是由记忆最深刻的是A1（正峰值）、A2（负峰值）、A3（终点值）来决定的。

在迪士尼娱乐园，峰值体验应该是某个让人感觉非常刺激的节目游戏。终值就是一天即将结束也玩累了，席地而坐看创意百态、热闹百凡的花车巡游，大家赞叹："好炫美啊"，一边抢拍视频与照片，或者争着与花车合影，迫不及待发个朋友圈。产品的体验过程，是多方面的，峰值好、终值好，你的回忆便是美好的。

◎ 如何设计高峰与终点体验？

峰值和终值，是由诺贝尔奖得主、心理学家丹尼尔·卡尼曼提出的。他发现大家对体验的记忆由两个核心因素决定：第一个是体验最高峰的时候，无论是正向的最高峰还是负向的最高峰，一定是能记得住的；第二个是结束时的感觉。这就是峰终定律（Peak-End Rule）。体验一个事物或产品之后，所能记住的就只有在峰值与终值时的体验，而整个过程中每个点好与不好，时间的长与短，对记忆或者感受都没太大影响。

根据"峰终定律"，高峰体验与终点体验，是用户体验最为关键的节点，直接决定用户对于产品及服务的评价。根据用户体验路径图，找到可以从正面情绪（满足与愉悦）激发的峰值体验点，在这个点上设计一个快乐体验小高潮。当然，这个峰值的设计需要与产品的定位、企业的资源与可允许成本的情况相取舍来决定。也就是要平衡好两个方面：

（1）为什么这个关键节点，必须提升用户体验？——如果不提升用户体验就会有负作用；

（2）为什么这个关键节点，不需要提升用户体验？——因为用户体验不受影响。

我们知道，平庸的用户体验肯定无法成就一个好产品，而一个产品却不可能做到十全十美。但是，寻找到那个能够戳中用户内心愉悦的最高峰体验，不断优化做到极致，最后给用户一个更好的结束体验，把有限的资源集中花在"巅峰体验"和"终点体验"两个点上，必将收获立竿见影的效果。

"峰值与终值"需要围绕用户的"满足、愉悦、爽点"来设计。正面的并且是高潮的体验与情绪激发是最能让人记住的。在用户体验路径中，可以通过对某一个具体的最能影响用户的体验节点，设定具体的，并且是可以感知度的用户体验手段来优化正高峰和终值体验。比如可以采取如下一些手段：

（1）仪式感：通过策划一系列的仪式感来强化产品活力与印象；

（2）小惊喜：给用户超出预期的惊喜，让用户拥有"哇，好爽"的满足感；

（3）赞荣誉：产品能给到用户"表扬、夸奖、荣誉感"，用户倍增成就感；

（4）小利益：设定超出预期的小利益与微情感，用户"贪"而不忘，痴而不醒。

当然，设计一个漂亮的高峰与结束，方式手法是可以千变万化的，这些不再细说。

掘金实战：A朵酒店"12个关键服务节点"设计

前节我们所讲的是客户的行动环节，就是以用户为移动原点去体验产品的过程路径图。而这个既定的用户体验的路径，是由另外一个蓝图决定的，这张蓝图叫——用户服务设计蓝图，这张蓝图是事先由产品或者服务提供者设定出来的。用户体验路径图是站在用户视角，来看自己的产品是不是满足了用户的体验期望，是对用户体验的检阅；而用户服务设计蓝图是让这些服务关键节点的体验是否有确定性的保障，这指的是所需要的资源配置的方面。简单说，用户体验地图是以用户情绪为中心的，而服务设计蓝图则是以服务流程为中心的。没有任何一个产品的服务，能够满足用户所有的需求与预期。因为这需要对产品的资源配置与成本进行合理的考量。

那么，我们在一定的资源条件下，如何去设计好这个服务蓝图呢？一个很好的技巧就是，优先做好"高峰时刻"及"终点时刻"的体验设计。这里我们通过两个例子来分析。先说说A朵酒店的用户服务蓝图设计。

A朵酒店是以创新模式发展起来的一家服务新中产消费者的酒店，近年发展迅速，市场占有率稳居中国连锁酒店中高端品牌前列。A朵酒店短短四五年时间便成为用户特别满意酒店，凭的是超出预期的"用户体验"。A朵酒店的设计服务蓝图和峰终体验值得我们借鉴。以下这12个关键服务节点是据于A朵酒店内部服务规划设计而来的，本人也是A朵会员，切身体验到了A朵酒店的特别服务。

A朵酒店在设计服务蓝图的时候，是从客人第一次入住A朵，到他第二次预定入住A朵的整个过程，中间有十二次端口，也就是A朵服务的十二个节点

（见图2-22）。

第一个节点：预定；

第二个节点：走进大堂的第一面；

第三个节点：到房间的第一眼；

第四个节点：跟你联系，酒店提供服务咨询的第一刻；

第五个节点：吃早餐的那一刻；

第六个节点：你在酒店等人或者等车，需要有个地方停留的那一刻；

第七个节点：你中午或者晚上想吃夜宵的那一刻；

第八个节点：你离店的那一刻；

第九个节点：离店之后，你点评的那一刻；

第十个节点：第二次想起A朵的那一刻；

第十一个节点：你要跟朋友推广和介绍那一刻；

第十二个节点：还有你第二次再预订的那一刻。

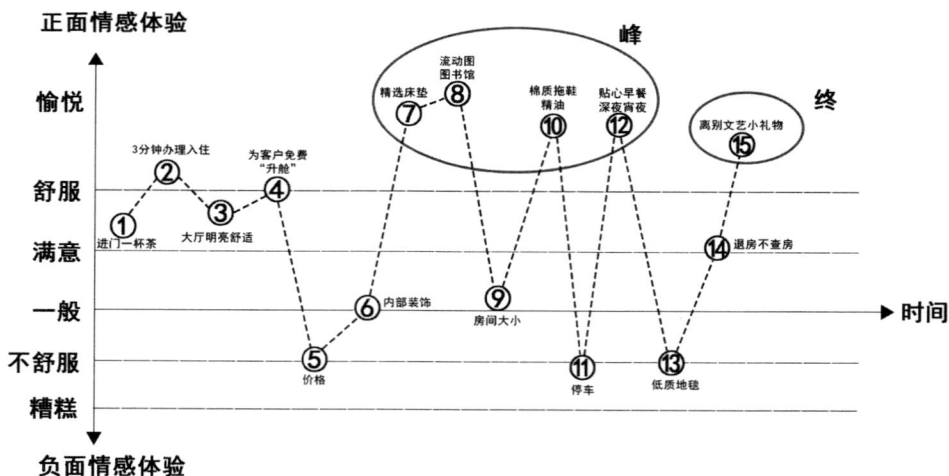

图2-22　A朵酒店"峰终定律"客户体验模型

A朵基于这十二个节点，对资源配置有所侧重，将"峰终定律"完美融入其中。在入住的时候，有三项服务是为了第二个节点（走进大堂的第一面）的体验强度：先奉上一杯茶；三分钟办理入住；或做一个"免费升舱"给用户惊喜。还有一些体验高峰：优质舒适的枕头床垫、酒店图书、阿芙精油、棉质拖鞋、亚朵茶、一些精致的米家小科技产品，如果喜欢即可购买等，带给用户更多惊喜，会员还可以有12次机会带朋友去免费早餐，那怕朋友没有住A朵，也可以带去免费早餐。

你在A朵的终值体验是退房的时候，这时服务人员会给你一瓶矿泉水，这瓶水叫"别友甘泉"之类的，有时会送你一个文艺小礼物，这会给当时用户有概念体验和印象留存。还有一些A朵酒店可以提供到附近的高铁站或机场免费送客服务，通过"峰终时刻"的服务优化，让客户在这里感受到超出预期的体验，便自然会成为A朵最忠实的用户。

掘金实战：华旦时尚办公家具的"服务设计"蓝图

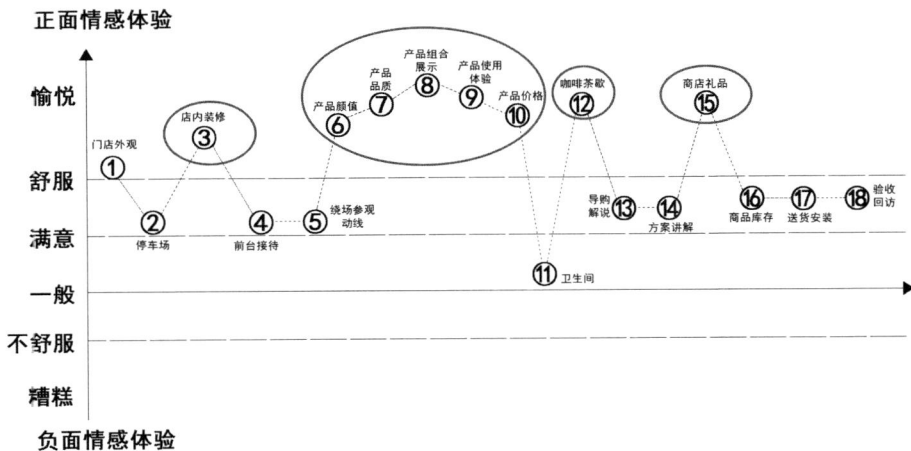

图2-23　华旦专卖店"峰终定律"客户体验模型

图2-23前面一节所述的华旦时尚办公家具实体专卖店用户体验路径图，当这个服务的提供者在关注每一个关键服务节点时，这就成了一张服务设计蓝图。我们对照这张设计蓝图来分析一下，整个服务过程有以下几个节点：

（1）停车、进店、前台接待；

（2）参观店内、产品场景体验、产品使用体验；

（3）轻松休闲茶歇；

（4）洽谈方案成交；

（5）离店；

（6）交货售后。

设计服务蓝图的核心就是在资源有限的情况下，配置用户体验所需的资源，在关键节点上安排角色、设计创新亮点，集中资源，打造体验的峰值，最后再做一个体验终值的美好小尾巴。

很显然，整个服务设计中有三个高峰体验点：

（1）店内的场景体验式装修；

（2）产品现场体验感：产品颜值+产品品质+产品组合展示；

（3）茶点推车+咖啡茶歇+社交沙龙（让顾客宾至如归）；一个漂亮的终结体验小尾巴：离店专属小礼品。

所以，大部分光顾华旦专卖店的人都会留下很深的印象：装修体验时尚创新、产品时尚颜值高，让人一看就喜欢；而且还有茶点服务人员把茶点推车推到顾客面前让顾客选择饮料茶点，让顾客享受免费的茶点，逛累了还可以在休闲区域小歇，享受轻松；离店时送一个专属的类似生肖挂件的小礼品，让顾客时常记起，美美的。至于停车的便利性一般、卫生间的便利性一般、专卖店现场绕圈动线等的体验一般般，都不会影响到客户的整体体验印象。用户体验时代，需要重点找到对产品与服务的体验高峰点与体验的终点，制造难忘瞬间，解决用户的痛点，刺激用户的痒点，打动用户的爽点，才能更强地发挥新爆品的价值点。

好钢用在刀刃上："用户体验"的资源配置

超预期的用户体验是新爆品最核心的特征，产品的用户体验是产品设计首要考虑的。比如上文中说的"多走路"舒适鞋，它的产品体验就是"舒适"；名门静音门锁，产品最大的价值体验就是"静音"；百度的用户体验就是：搜得到，而且很快……

这些就是产品体验的目标设定。

◎ **超预期用户体验的三个资源配置纬度**

当一个产品的用户体验目标定位好后，我们就需要提供资源去打造它，并确保这个用户体验持续稳定。这是Jesse James Garrett在《用户体验要素：以用户为中心的产品设计》中所讲的用户体验在"资源结构""功能内容（范围）""战略存在"这三个纬度所要做的事情。而这三个层面属于用户体验表现的幕后资源支持，是产品提供者所需要考虑的事情。我们分别来理解一下：

一、"资源结构"层

指的是，我们要持续提供或升级我们的"用户体验"，我们所需要的方方面面资源建设有哪一些？

二、"功能内容（范围）"层

指的是，我们把"用户需求"和"产品目标"转变成产品应该提供给用户什么样的内容和功能，具体一点说：

（1）针对用户体验，我们要做哪些具体的事情？具体要提供什么样的确定性？

（2）针对用户体验，我们不做哪些事情，对那些事坚决不去碰？

（3）对产品或服务的用户体验，怎样做才是好或不好，应该设定哪一些内容？

三、"战略存在"层面

（1）我们要通过这个产品得到什么？这指的是产品目标、产品价值给我们带来怎样的回报？

（2）用户要通过这个产品得到什么？他们为什么依赖我们？这指的是用户需求、产品的价值点体现在哪里。

"产品目标"和"用户需求"组成了战略层面，也成为我们在设计用户体验过程中做出每一个决定的基础。企业的资源是有限的，在产品的用户体验设计中，我们善于好钢用在刀刃上。从另一个角度上来说，在用户体验方面，科学地进行资源分配，可以从用户体验价值曲线中寻求到有别于竞争对手的差异化突破点，找到产品的核心竞争力。法国雅G酒店就是这样一个成功的案例，它通过分析竞争对手的用户体验价值曲线，了解竞争对手把资源集中在哪些环节，然后有针对性地设计自身的产品体验侧重点，寻求到一个差异化的突破口，最终获得核心竞争力。我们简单来分析一下这个案例。见图2-24。

通过价值曲线寻求战略突破点进而获得核心竞争力

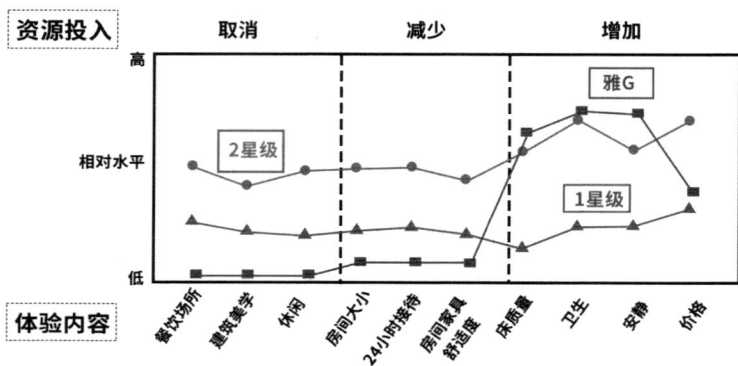

图2-24　雅G酒店用户体验价值曲线分析矩阵

在法国，当时经济型酒店行业陷入饱和状态，并长期存在两个细分市场：

其一是60~90法郎/天的非星级和一星级酒店；

其二是200法郎/天的二星级酒店；

面对日趋饱和的市场，雅G酒店深感必须打造更突出的差异化用户体验，才能在竞争中取胜。于是雅G酒店把上述两类细分类型酒店的用户体验，从十个关键服务点上进行了价值分析与比对。通过比对，在这些关键服务体验节点上，对自身的用户体验重点进行了策略性地资源聚焦：

（1）在酒店的餐饮场所、建筑美学、休闲氛围方面取消了资源投入，放弃这方面优势；

（2）在酒店的房间大小、24小时接待、房间家具/舒适度方面减少资源投入，弱化优势；

（3）在床的质量与舒适度、卫生安静、价格竞争方面加大投入，重点打造体验优势。

雅G酒店集中资源投入到酒店最核心的用户体验方面，那就是提升睡眠质量，让酒店更卫生安静、让酒店具备更强的价格竞争力。从而形成"卫生安静舒适，又实惠"的战略定位，赢得了市场口碑，市场份额获得快速提升。

【教练作业】

1. 请用用户体验的五个要素来描述你所经营的产品体验，并描述出"用户体验路径图"。

	体验要素	你所经营的产品体验
1	用户角色画像	
2	用户的目标和预期	
3	主要服务触点	
4	用户体验路径	
5	用户情绪曲线	

2. 请你描绘你所经营的产品或服务的"用户服务设计蓝图"，并重点设计"峰值"与"终值"。

3. 为了让你的产品或服务更具有用户体验竞争力，请对其关键服务节点进行分析，并指出应该围绕哪些核心服务节点去打造产品的竞争力。

PART 3

新品类掘金的关键：
构建产品的消费场景

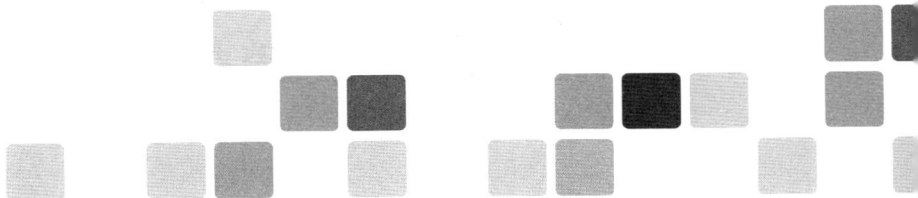

场景，就是"人货场"的互动情景。场景一词，可拆开为：场和景。

"场"，就是"时间+空间"的概念，一个场，就是用户可以在这个时间空间里停留和消费，如果一个人不能在某个时间空间去停留与消费，这个消费场景就是不存在的。

"景"，就是用户与产品的互动、消费的情景，并能让用户产生情绪触发，而且由此裹挟用户的意见，这就是对消费场景完整的理解。

所以，场景的核心就是在空间加时间的点上触发别人的消费欲望与消费情绪。从另一个角度思考，用户会需要马上去解决什么问题？会在什么样的场景触发情绪？这是"消费场景"需要解决的问题。

人、时间、空间、消费互动、情绪激发，这五个条件同时满足，才是一个完整的"消费场景"。对"消费场景"的研究，既是对产品逻辑（用户定位、用户需求）的研究，也是对营销逻辑（场景营销）的研究。接下来我们分别从产品逻辑和营销逻辑两个方面来解剖如何构建产品的消费场景。

3.1 场景的"产品逻辑"： 占领一个特定的"消费场景"

每个新爆品都占领了一个特定的"消费场景"

"滴滴"一下马上出发——滴滴出行；

手机没电了，"街电"扫个充电宝；

吃麻辣火锅，喝加多宝；

方便携带，一罐一泡——小罐茶；

胡桃里—— 一站式夜生活（场景）；

江小白——小聚小饮时间，顺便发点小情绪；

外卖餐食，加点虎邦辣酱；

累了困了，喝红牛……

一个有生命力的产品，其本身就占据了一个消费场景，并且在这个场景内，用户有某种内在情绪痛点触动，被强烈地触发了需求。所以，新爆品所占据的"消费场景"是非常特定与聚焦的。换句话说，好的产品，是在"一个特定的故事内，散发出情感体验"的场景中被用户消费的。每一个好的新爆品，都是因为它抢占了一个特定的"消费场景"。我们来看一个例子。

◎ **虎邦辣酱：小场景，大舞台**

辣酱，可以说是一个传统的"蚂蚁市场"。虎邦辣酱深刻理解到：好产品就是应当占据一个特定的能解决痛点方案的"消费场景"，以此思维，它找到了一条创新之路："外卖配餐"辣酱。把"外卖场景"作为产品定位的聚焦战略，看着随

图3-1　虎邦辣酱

意，但却蕴藏着深刻的逻辑，那就是"消费场景"产品逻辑：此时，辣酱的本质是什么？——其实辣酱本质解决的是简单用餐场景下，口味寡淡、没有食欲的问题。因为在简餐的环境下，我们的胃口需要被辣刺激一下，这是消费痛点与需求的源点。

"虎邦辣酱"作为一个"外卖配餐"新爆品，基于三个方面的匹配基础：

（1）场景比较匹配，辣酱和就餐场景是匹配的；

（2）人群比较匹配，在外卖这个行业里面大部分为年轻人，他们更乐意尝试新鲜事物；

（3）渠道的特征较匹配，它是一个封闭渠道，非常聚焦，推广过程较少受干扰。

外卖表面上看是一个销售渠道，但对于虎邦辣酱来说却是一个"消费场景"定位。"虎邦辣酱"认为：场景和渠道是不同的，场景从销售环节延伸到了消费环节，它不仅仅是一个物流的通道，更多的是到了消费者的环节。以前，在渠道中只要把产品卖出去就结束了，消费者买回去以后怎么用？它在什么情境中使用？那么这个产品到底是一个什么样的认识？它的痛点到底是什么？其实很多产品可能根本就没有去研究这个"用户消费场景"，更多

的产品提供者是按照自己的主观臆断来理解产品，没有真正近距离去感知产品和用户之间的互动关系。

但是在场景中就不一样了。在场景中，在一个使用的具体环境里面，你对产品会有一个全新的定义。比方说同一罐辣酱，它在乏味的一个人的午餐场景中出现，和在"四菜一汤"的聚餐场景上出现，它的内涵、需求的形式和用户的认知就完全不同。虎邦辣酱COO胡峤松认为，产品要创新，着眼点就在产品的场景，就是如何把一个产品最痛的那个场景诠释出来。

"消费场景"再细分，就产生了细分"产品线"

要做一个好的产品，就一定要善于解构场景，解构消费的过程，然后在场景中打磨产品，而不是按照我们自己的理解和定义去诠释产品。场景是产品和用户需求的一个触达之所。产品原本在一端，用户需求在另一端，但在某个场景下产品与需求实现了有效对接交付。

◎ 江小白的场景细分与产品线

一直以来，白酒是庄重社交生活仪式中的主角：老友酒、社交酒、商务酒；这种酒，是场"大酒"，讲排场，讲面子，讲情意，讲交情，讲利益，讲习俗，讲好多规矩，受很多世间冷暖，明暗规则的约束。这种酒大多数喝得很"世道"。消费场景归纳为："庄重喝"。

众白酒皆庄重的情况下，江小白发现了一种新的白酒消费场景：借支小酒，释放内心——"小聚、小饮、小时刻、小情绪"。

此时，人是主角，酒是配角。对爱情的表白、对挚友的眷恋；对压力的释放、对内心的渲泄、对生活的进取、对梦想的追求……他们开始对"人间冷暖，人际规则"沾了一点点边，虽沾得不太重，却开始对社会有一些自我的发泄观点。一切的一切，归为：沾点白酒，好好地，坏坏地，发泄一下情绪，追求"二次元"多彩世界的表现，让自己的内心重新出发，去迎接下一站的自己，这样生活一回也挺好！用江小白所提出的价值主张来说，就是"我是江小白，生活很简单"。江小白，就是代表"90后"一种快时尚的消费审美，代表"90后"小年轻的一种情绪渲泄的小酒：它代表了一种新生代的白酒消费"新场景"。

图3-2　情绪小酒：江小白

"情绪白酒"消费场景，这还是一个大的场景，我们可以进一步研究这个大场景，如果拆细一些，就会拆分出很多细分的消费场景，例如，三五个好朋友一起喝酒的场景、公司团建集体聚餐喝酒的场景。"江小白"基于消费场景的再极致，再细分，就延伸出了江小白系列产品线。这让江小白的每款产品，都细分有对应的消费场景，如下产品线：

100ML的白酒，适合"三四人小场景"，一人一瓶，自己搞定，不劝酒；

750ML的"三五挚友"，适合三五好友，共享一瓶；

2000ML的"拾人饮"则是特定团建酒，适合一桌一瓶，开怀饮，尽情渲泄。

"拾人饮"更进一步细分不同的情绪对应：召唤瓶、齐心瓶、必胜瓶等，庆祝的时刻分别对应团队建设的不同季节时间。你能想到的情绪场景，就有对应的情绪酒瓶上桌。这就是基于"消费场景"再细分，而衍生出的"有明确场景定位"的产品线，见图3-3。

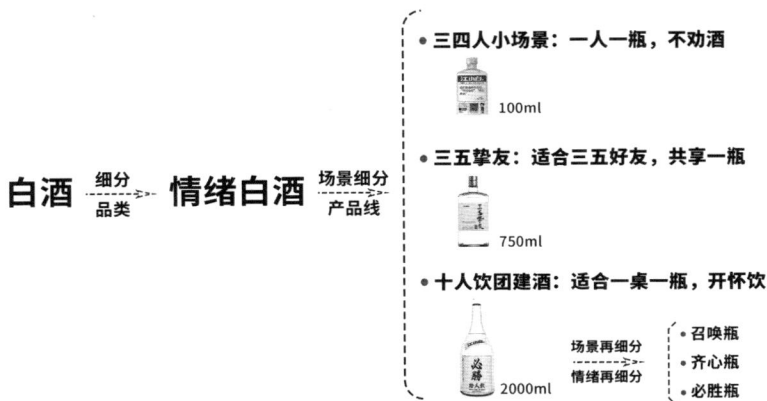

图3-3　江小白的场景细分与产品线

掘金实战：办公场景细分与办公家具产品线

我们再来看一下办公场景细分以及办公家具的产品线规划逻辑路径：

办公环境解决方案的目的是通过办公环境来展现企业的文化，通过办公环境支持提升员工办公体验；满足员工灵活工作需求，吸引并留住员工，最终提升生产力，驱动创新。

◎ **五大办公场景及对应办公家具产品线的规划**

不同的工作类型，需要不同的办公环境。几乎所有企业的日常工作活动类型，都是围绕"专注、协作、社交、学习、放松"这五大类工作场景类型开展的。因此办公家具也就围绕这五大办公场景来进行产品线的规划。下面我们分别来介绍一下，这五大办公场景及对应办公家具产品线的规划，见图3-4。

图3-4　办公家具产品线所依据的5大办公场景

（1）专注场景

专注的办公模式，通常是指用户在具备一定隐私的遮蔽空间，需要沉静下来进行独立的思考与执行手头的工作，不受打扰地独立完成需要专注的工作。一些有前瞻思考的企业，会设计独立的工作室或工作仓，如企业公用私密包间、电话洽谈、视频空间。

（2）协作场景

通常是指两人或者多人为了共同的目标在一起工作，让处于同一办公室或借助科技手段让在不同地点工作的团队成员共同参与、分享想法、共同创作。今天的企业绩效不再是一个人所能创造的，更多的是由整个团队沟通协同作战，共同完成。组织的发展要求协作更加灵活有效，我们需要清楚地认识到，不同的协作目的，对于协作场所的需求也不同；而且，大量研究已经证明，非正式的沟通有助于建立信任与共识。如总裁、CEO等企业大领导办公室场景，各部门各团队的主管+职员工作站、会议空间。

（3）社交场景

通常是指供身心恢复、社交、非正式协作的舒适空间，鼓励人与人之间交流互动，连接感情，促进人与人之间的信任感。无论是内向还是外向型工作者，人都有社交的需求，社交需求的背后则是希望与组织、团队建立有归属感的连接。

（4）学习场景

通常是指这样的场景：通过分享、培训、阅读等途径获取新知识或者新技能，支持员工追求成长、发展或者提升组织竞争力。持续的竞争力需要持续的学习、吸收、转换。任何空间都可以成为学习空间如企业的培训室、阅读室、研习室等。

（5）放松场景

通常是指从工作中短暂逃离出来，通过放松身心，恢复精神力，以更好的状态投入到下一阶段的任务当中。优秀的公司往往会更关注员工的身心健康需求。通过增设一些放松设备与空间，让员工实实在在感受到企业对员工的关怀与用心。同时，也可以缓解工作压力造成的负面情绪，如健身区、活动室。

办公场景的细分就提出了对应的办公场景解决方案需求：办公家具的产品线规划需求。这告诉我们，产品线的规划是需要考虑产品的消费场景细分来定义的，对于新爆品的打造，我们需要找准消费场景去规划产品，这样才在事先就可以找到用户，找到对应的消费场景。

"消费场景"可以定义一个新品类

一个产品的体验感更好了，一定是切中了更好的消费场景，一个产品能够引发用户的赞赏，一定是这个产品让人感觉"更爽"了。

产品的升级迭代，大多是发现了更新的场景体验，抢占了新的体验场景，新的消费场景可以定义产品升级路径，有利于我们对产品的创新与迭代。正如吴声在其《场景革命——重构人与商业的连接》一书中讲到：产品不再以功能为中心，不是功能不重要，而是因为功能变成了基本参数，另外，洞察消费者的应用场景才能让产品达到极致。

身处场景时代，定义场景成为一个基础动作，定义了什么样的场景，就意味着要做什么事情和不做什么事情，也决定了企业和品牌的战略方向。有时候抓住了一个特定的消费场景，就可以诞生出一个新的产品品类，如：好门锁，要静音（场景）：名门静音门锁，就是一个典型的成功案例。

◎ "好门锁，要静音"——名门静音门锁的场景发现

国内有一家非常优秀的锁具企业，这个企业在起家时，叫名门锁业，这个企业和品牌名称一听就感觉出工业化时代的味道，注重产品的制造加工。锁业，从字面上看就是"做锁的企业"，很产业化。随着业务的增长，企业发现市场越来越细分，企业需要聚焦在一个产品类别上，于是名门砍掉了其它相关联的五金品类，专注于"门锁"。然而门锁是一个大词，大类别，很难在用户心目中形成独特记忆。

一个偶然的情况，名门锁业的创始人兼董事长陈力，由于工作忙，经常加班，每次很晚回家都是小心翼翼开门、关门，生怕吵醒家人。尽管如此，有次加班回家，开关门的声音还是吵醒了家人，为此他深深自责和不安。陈力觉得，自己身为一个锁业人，为什么就不能造一把安静的门锁呢？由此他萌生了研发"静音门锁"的想法。

图3-5 静音门锁

从2009年立项，历经了成千上万次的实验，2012年静音门锁终于诞生，到现在已经推出了第4代静音门锁，打造出了噪音值在30～45分贝的锁，据称是目前最为舒适的开关门声音的锁。所以说，一个好产品的诞生，往往是洞察了用户真实生活场景中的痛点，并为提供了有效的解决方案——"静音门锁"概念由"开门更安静"的新场景而生，陈力决定，锁定"静音"，打造"静音门锁"新品类，"名门静音门锁"由此而生。

名门静音门锁主要针对哪些人群和哪些场景细分呢？

静音门锁首先是面向对噪音比较敏感的人群，譬如老人、小孩、孕妇、病人等；这样就有很多对应的需要静音的场景，譬如说卧室、教室、图书馆、医院、办公室等。通过这些源点人群的扩散，最终静音门锁得到更广泛人群的需求。可以说，名门真正创造了"静音门锁"这个新品类。

"消费场景"可定义产品战略升级

产品是从定义一个场景开始的，定义一个场景决定一个产品，聚焦打造这个产品，就是企业的战略方向，场景的定义决定了企业做什么与不做什么。而当企业发展到一定阶段的时候，又必须依据内外的情资来优化调整企业的战略，持续打造对企业有价值影响的新爆品。也就是说，一开始企业找准了一个符合当时消费场景的定位，但随着形势的渐变，企业需要转移到另外一个更佳的场景来定位，所谓的更佳，就是更能满足用户的需求，并且具有更大的市场发展的场景。这同时也告诉我们，在新爆品的打造过程中，我们要善于不断地对我们所定义的场景进行动态评估，避免场景老化过时或者缺乏创新。

一言以蔽之，场景需要我们不断去洞察新的发现，并持续场景升级。这一点，小罐茶从最初的"一罐一泡，个人私属泡"的"小罐装礼品茶"消费场景，到"小罐茶·多泡装"自饮市场的重大转变，可以给到我们很多启示。

◎ 小罐茶：从"一罐一泡"到"一罐多泡"

小罐茶曾经以"一罐一泡，个人私属泡"的消费场景，而定位"小罐装

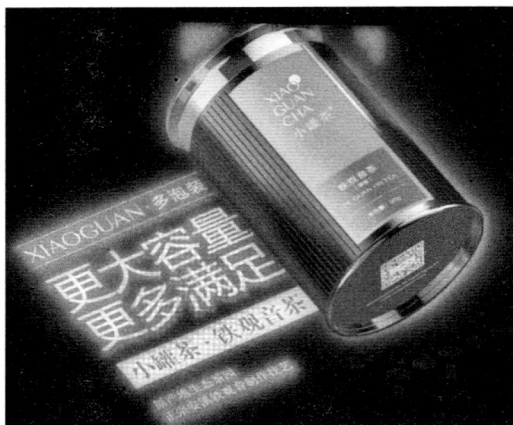

图3—6 小罐茶

礼品茶"，找到了这个战略聚焦点后，小罐茶集中资源，通过包装的创新、大师的工艺、高颜值的文案推广、高端线下店的建设，确立了高端个人私属茶的影响力地位。

一开始，小罐茶定位于"一罐一泡，个人私属泡"的高端场景。因为他们知道，一个场景定位需要足够用力去打造与强化，直到植入用户的心智。当市场覆盖与销售份额达到一定的规模时，才算是彻底抢占了这个品类的消费场景。

实际上，小罐茶从一个"一罐一泡，个人私属泡"这个点聚焦切入，打造了"个人私属泡"的消费场景，经过几年的用户体验与沉淀，对更多的用户产生了影响或吸引，也就是说，激发了更多潜在的消费群体与消费场景。此时他们发现，市场还需要尊重更多人的习惯，让更多人简单方便地喝到好茶，这就是小罐茶新洞察到的用户需求。由此，在2019年5月，小罐茶正式推出"小罐茶·多泡装"。小罐茶原来是4g一罐，现在"小罐茶·多泡装"1罐为50克（大红袍是40g），容量更大，满足更多。它成了办公室里的时尚单品；也是招待贵宾席上不可缺少的升温剂。

小罐茶创始人杜国楹曾回顾说，小罐茶用了七年时间把复杂的中国茶做简单；把传统的中国茶做时尚；把繁琐的品饮变简便；把产地品类思维导向品牌思维。尽管在这四个维度上，逐步推动了中国茶行业市场的标准化，但在中国，尤其是高端茶，更多以礼品而非饮品的形态进行流通；即便已经走在行业前列，针对的仍然是位于金字塔尖上的高端人群，甚至还没开始触及到主流市场、主流人群、主流需求。

小罐茶市场中心总经理梅江说多泡装正是基于小罐茶巨大创新的优势下，进军主流行业的"主流选手"。多泡装背后，不止是市场、人群、需求的精准匹配，更是对大众消费习惯的深度洞察：一罐多泡，全方位满足了习惯性消费、高频度消费、个性化消费的不同层次需求，更标志着小罐茶从礼品市场到自饮市场的重大转变。

"伪场景"容易定义出"伪产品"

有些场景，初看好像存在，但如果以场景的五大要素来认真推断，实际上这个场景是伪场景。在卫浴行业，有些厂家推出"儿童陶瓷座便器"，就是专门针对3～5岁的儿童设计的，可以根据儿童的审美在"外观与色彩"的设计上大做文章。初看，这是一个不错的产品，因为人们会想：新购房的年轻人将来都会有小孩，小孩独立解决便便问题，有自己的空间，对自己的成长也是一件好事，而且，在孩子身上花钱都是舍得的。但实际上，儿童独立上卫生间，不是一个细分的消费场景。

（1）儿童陶瓷座便器是一种固定式消费品，一次性安装以后，如果没有坏掉的话，基本上不会再拆除更换，极少家庭会为了给小孩很短期的使用，而宁可用两三年就要拆除更换；所以相对需求与痛点解决来说，他们宁可用其它儿童活动便盆来解决，因为活动便盆是可以移动的，用完即弃。

（2）大部门的家庭，如按三房两厅来说，一般也是两个卫生间，一个公卫一个主卫，卫生间数量有限，大多数无法实现儿童单独拥有卫生间的条件；

（3）对于3～5岁的儿童，在上洗手间时，实际上大部门家长还是有陪扶指导，大部分家长认为小孩独立上洗手间还不能完全放手。所以"儿童陶瓷座便器"想占领的儿童独立如厕场景，这

图3-7　儿童陶瓷座便器

个场景实际上是"伪场景"。事实证明，"儿童陶瓷座便器"一直销量不乐观，这个产品一定程度上说是"伪产品"。

消费场景细分，实际上是对场景内"人货场"类型的分类，以及对产品所触发的情绪的分类，场景细分后，再定义对应的细分产品去占领这种细分的消费场景。这样就让对应的货，适合对应的人，与特定的场景。这种场景定义的手法，可以让我们的产品场景定位更精准，用户更精准，推广更精准，同时也可能区隔出"伪产品"。如何避免定义出一个伪产品？——我们基本可以用消费场景的五大要素"时间、地点、人物、事件、情绪"来验证：这个消费场景是否存在；如果存在，其逻辑性够不够；消费场景需求强不强；能不能引发消费情绪发生。如果这5个要素不能很清晰，那么这个产品的消费场景就不一定是一个有效的产品场景。这是我们在做产品之前就需要特别注意的。

臆念起，即产品：消费场景前移到需求端

说到消费场景，我们往往会联想到销售场景。生活中销售场景更多的发生在产品端，如实体大卖场与传统电商，所有的产品都集中在那里，消费者根据需求到产品端去选购；然而随着网络的发展以及各种线上线下消费场景的营造，消费者对于需求越来越挑剔，他们要求这个产品必须在他需求的时候（需求情绪时）出现，还要很便利，体验要好，颜值要高，还要有温度。例如，我们要出行，滴滴一下，车子就到了面前，刚上车，渴了，正好的士车上有自动售饮料机，手机一扫就可取用；又比如，我们在大商城、车站、机场，有点空闲时间或累了，想找个位置歇坐一下，就有共享按摩椅守候着你……

所以说，场景越来越向消费者端、向用户需求端靠拢，这是新时代营销的一个特征，见图3-8。

图3-8　场景越来越向消费者端靠拢

随着社交传播与互联网生活节奏的加快，销售场景从原来静态的产品端向"消费场景"前沿转移，让"人货场"的顺序发生了新变化，这同样告诉我们，互联网催生出更多的应用场景，就会有更多的"传统产品+互联网"新的产品消费场景出现，类似木鸟短租、小区丰巢智能柜、公共场所自动售货机……这些都是进一步贴近了人们生活的最前沿的"消费场景"，而且这些生活场景将随着5G、VR、AR等技术的发展进一步演变，未来将有更多的新场景出现，将定义出更多新的消费品类。这种互联网+产品，已正在如火如荼地在我们的身边发生，举不胜举！随着互联网技术的发展，"一骑红尘妃子笑，无人知是荔枝来"的消费场景与喜悦将属于每一个人。

3.2　场景的"营销逻辑"：
情绪就是营销动能

"情绪共鸣"：成了产品与人之间的一种"新链接"

江小白，可以说是一个情绪极致场景化的新爆品。它主张"喝出想要的内心"，让情绪场景极致表达。江小白推出"情绪表达瓶"的创新营销模式，通过向全国征集真实的"情绪表达文案"印在瓶身上，再把这瓶酒卖给消费者去分享这种情绪，而在分享与谈资当中，就激起了相同或类似的情绪，推广了产品，又引发了谈资，还实现了产品的销售。周而复始，一举多得——A的情绪抒发，感染了B的情绪激发，借酒解愁，又可再次抒发内心，打动了C的情绪——它的路径是：自创表达瓶，传播表达瓶，热议表达瓶，周而循环。这种营销方式让江小白贴上了"文艺青年"情结标签：特立独行，自由精神、极简美学、青年情怀。

永远不去满足多数人的世俗和习以为常的喜好，一切的一切都归结为：我是江小白，生活很简单。一下子，让需要释放压力的年轻人，获得了"简单，轻松"的自嘲与释怀。更巧妙的是江小白的"消费场景"引发了更多新的消费情绪，而新的消费情绪又进一步催生出了更多的消费场景与场景细分，进而促动产品的迭代。好的产品，是可以自带情绪价值的，用户被产品所吸引的是，这个产品所对应的场景所表达的情绪，而不一定就是产品的功能特点，由此可以看出，研究产品的情绪属性，对于新爆品的创新营销具有积极的意义。

近年来，给产品贴上"场景情绪"标签，让产品与场景中的设定用户产生非常紧密的情绪捆绑，从而让用户能对产品进行"共鸣式"消费，或共鸣式分享传播。不仅这样，还让产品烙上了"人格化"的温度，让用户觉得，产品更懂用户，可以进行无声的对话，哪怕是用户一个人，也可以感到产品对自己内心的关切。这种营销逻辑的应用越来越多，比如，"小茗同学"的"认真搞笑，低调冷泡"脸谱情绪，就替同学们表达了一种解压情绪"纵有大山压顶，也只会一笑而过，轻松而过，得意自嘲"。这是一种非常典型的学生情绪个性表达，人们为这种情绪表达而买单。我们在观察，当他们打开饮料冰柜，挑选"小茗同学"饮料时，往往会挑选一款最符合自己当时内心情绪的一款，以表达内心或与同伴热议，或自拍发到朋友圈。此时，产品起到占领"情绪场景"的效应。

◎ **消费场景化：在受众心智中沉锚一个场景画面**

"移动互联网"与"社交电商"时代，资讯传播、社交互动，商业交易的"场景化"越来越重要。通过声音文字，特别是图片视频去表达用户对产品的体验场景，更容易把用户带入到消费场景中去切身感受，从而激发出对产品的亲睐与消费欲望。也就是说，在用户心智中沉锚一个特定的"消费场景"，就会让产品与场景捆绑在一起，让品牌与"消费场景"捆绑在一起，不会分开，从而产品占领了这个场景，产品代言了这个品类。场景画面，包括语音画面、视频画面、海报画面。语音的画面需要受众自己去想像构建；视频画面动感情景，更打动人，而一幅具有场景力的海报则能给受众印象深刻。一张海报要展示其场景力，需要考虑以下三个方面：

（1）海报要有"消费场景"

平常都会接触一些产品的海报，为了吸睛，很多是一个形象代言人正在消费这个产品，或者美女照配上产品图片，或者一个产品旁边罗列一系列产品的卖点。这是传统的产品推销表达法。而在"一切以用户为中心"的链接时代，传播的是产品的价值，产品价值如何在具体的场景中得到使用与体现，是首要表现的。所以一张有传播力的海报，首先应该是要抢占产品的"具体消费场景"，以场景去教育、感染与打动人。

（2）海报要能表达"价值解决方案"

海报应该传递出"产品价值"，这种产品价值是通过具体的"痛点解决方案"过程来体现的。也就是海报直接表达：产品的价值定位，用户卖点，要简单直观，不绕弯。

（3）戳中用户的"情绪点"或心智教育

海报通过一个画面场景来表达，海报的场景要能深刻地戳中用户的"痛点、爽点、痒点"，这个场景淋漓尽致地描述产品，解决用户痛点的场景及用户的情绪表现。

（4）海报画面要求颜值高

一幅高颜值的海报，可以很好地表达产品的档次、诉求、形象、卖点、地位，可以给产品很强的传播穿透力。

当然，很多场景画面也常用于产品的外包装设计，让产品直观地展现出消费场景，比如大部分方便面包装。无论是采取哪一种形式，只要能在用户心目中烙下一个明显的消费场景画面，当用户进入到这个消费时间节点或场景感染时，就可能在第一时间想起这个产品。这也是为什么很多产品，需持续不断地给用户灌输其消费场景，其目的就是让产品的消费场景占据用户心智。

掘金实战："早餐先喝维他奶"的场景再现营销

◎ 洞察场景 找准诉求："早餐先喝维他奶"

餐饮场景上，"不喝酒就喝天地一号"，火锅烧烤聚会场景上，"怕上火就喝加多宝"，"劲酒虽好，可不要贪杯！"这些深入人心的场景，让大部分人在此场景就会想到此产品。这是对场景的洞察后，结合产品的特性输出清晰的诉求，与消费者进行亲密沟通，经过日积月累反复场景强调的结果。一直专注于豆奶领域的维他奶，对"早餐先喝维他奶"的场景定位，非常成功地显现了这个场景的营销逻辑。

早餐场景是维他奶企图主战的场景阵地，如何在早餐市场中抢占更大的份额，持续强化品牌与早餐场景的关联尤为重要。维他奶发现，在一日三餐里面，早餐是最容易被忽视的一餐。早上大家时间较仓促，人们往往选择简单应付，甚至不吃早餐。但其实，作为一款富含优质大豆蛋白、低脂的维他奶，正是营养早餐的便捷选择。一句简单有力的场景诉求："早餐先喝维他奶"由此而生。

图3-9 早餐维他奶

◎ 借麦兜IP，深入"早餐场景"宣导

围绕这个清晰的诉求，并借麦兜IP，深入早餐场景宣导，维他奶策划出一个个"早餐先喝维他奶"的生活关联场景。

首先在产品方面，维他奶创意出麦兜定制版包装，为配合产品上市，传播带有"麦氏幽默"的病毒图片海报及视频，在社交媒体上迅速走红。作为众多"80后""90后"的美好回忆，麦兜的形象早已深入人心。其中让人印象最深刻的是，执着的麦兜总是坚信着一些"大道理"："两情若是久长时，又岂在猪猪肉肉""伤心还好，伤胃就不好了"。维他奶不仅将早餐场景无缝融入到产品包装中，更将麦兜的那些"大道理"也搬上了包装，借助麦兜与众人的口来说出 "早餐先喝维他奶"。教导孩子有自己一套逻辑的麦太说："多吃早餐，才能长到一米八。早餐先喝维他奶！"善于传授各种奇葩知识的校长说："成功前要先吃个早餐。早餐先喝维他奶！"浪漫的Miss Chen说："生活不止眼前的猪腩肉，还有诗和早餐。"

除了麦兜包装，维他奶还做了一系列的内容延展，借助麦兜的强IP把早餐场景玩到极致。创意了麦兜IP的视频，将早餐场景直接融入故事剧情中，通过麦兜的"出糗"趣事，让早餐这件经常被忽略的小事，一下子成为人人重视的大事。

麦兜定制版包装加麦兜病毒视频，通过场景营销的方式把"早餐先喝维他奶"与"消费者重视早餐"建立强关联。

新实体场景：场景体验+社交分享+场景新零售

消费场景就是假设一个用户，在某一个时间，某一个地点，某一种环境，进行一种消费动作，表现出对消费体验的心理感受与情绪。对消费场景表达得越淋漓尽致，就越能引起用户的体验欲望。对于一个产品来说，"消费场景"的设计，可以强化品牌与战略定位，改善体验、引导消费、促进购买。大家平时网购商品，大都是因为图片所表达的消费场景非常打动人，而吸引了你购买。"消费场景化"目的是要在受众心智中沉锚一个画面，这个画面表达的是消费的场景，痛点解决、需求满足的画面。

◎ "消费场景化"有多种方式

（1）硬广告

以图片与视频表达产品画面，表达消费故事与场景，把消费者带入到产品的消费场景中去，此时，场景要能表达爽点、要点、记忆点。

（2）"真场景"软植入

如锐澳鸡尾酒在电视剧《何以笙箫默》的消费真场景植入，VIVO拍照手机在"名星真人秀剧场"的情景使用，华旦时尚办公家具在众多时尚电视剧的场景使用。

（3）新实体场景

这种场景，就是按照消费场景的真实情况而再现出的场景，可以看得见，听得着，摸得到，闻其味。可以用道具，也可以用一比一的真实产品来架设这个场景，相对其它的场景表达，新实体消费场景具有特别的体验与感知优势，例如：

·新实体场景是最真实的场景，体验感最强；

·用户可以在这个真实的场景中一比一去体验最真切的互动与表达感受；

·用户可以把自我融入于消费场景，可以自拍自秀，引发社交传播。

说起新实体消费场景，最直接的就是预售房子时的"一比一户型样板房"，可以让准业主提前感受到自己未来真实的新家。正因为这样，新实体消费场景，越来越多地在产品的营销推广与社交传播中应用。

在体验为王时代，用户更相信眼见为实。实体新场景，越来越成为新爆品打造的重点。特别是对于一些新创品类，如果没有线下新实体场景，很难让人想像到这种新创产品的风格调性、品牌定位与应用场景表现。例如：时尚办公家具，就是一种创新爆品。如何让时尚在办公空间内得到表现，不是文字就能表达清楚的，通过实体场景来显现，就会让人深临其境。

掘金实战：华旦时尚办公家具的新场景体验营销

一直以来，办公家具都被看待为一个实用主义的产品：四条腿撑一块大板就是办公桌，四条腿撑一块小板就是椅子，办公家具行业普遍存在无品牌、无形象、无品类的落后景象，人们除了对办公桌有稳固性要求外，几乎没其它特别要求。近年，随着移动互联网的发展，以及人们对办公生活消费的升级，办公家具也出现了一些细分品类，而率先提出品类细分的是华旦，它用"时尚"定义了新时代办公家具的"办公空间场景"，开创了办公家具的一个新爆品品类：时尚办公家具。所谓的时尚，是一种生活态度的表达，放弃陈旧束缚，拥抱无拘无束、多元混搭的审美。让办公环境更加年轻和轻松，更加有活力和时代感，让办公更积极高效。

◎ 华旦打造的"时尚体验+社交分享"的实体场景

华旦通过对各种办公场景的分析，围绕着"时尚"的定位，打造"时尚体验+社交分享"的实体场景，在市场建立了品牌自身独特的时尚调性，形成了独树一帜的品类差异，让人耳目一新。由原来一惯的庄重办公转变为"快乐办公，时尚办公"，这对行业来说，是一种引领与改变。华旦通过多种方式充分采用场景体验式展示与推广：在时尚电视剧里，对时尚办公场景的植入，引导了时尚办公消费导向；在线下实体店采用"情景体验式"展示，让用户从实景中去体验时尚办公的氛围与效果；在销售推广端时，采用酷家乐效果图生成软件，可在现场快速再现"用户实际场景"效果，让用户可以立即感受到产品的实际使用场景。

（1）时尚电视剧：办公场景植入

时尚电视剧的场景植入，是华旦时尚办公家具场景营销的一个重点，对每一部时尚电视剧的场景植入，都很精心地选择最能体现剧情环境的产品，为剧本加分的同时也很好地再现了办公环境的时代审美。目前众多热播时尚电视剧如"老男孩""南方有乔木"等剧中，均采用华旦时尚办公家具产品布置场景，这些电视剧场景对现代企业或创业公司的办公环境起到很好的消费趋势导向作用。见图3-10。

图3-10　电视剧剧场消费场景产品植入

（2）实体店：体验式真场景

传统的办公家具卖场只是产品的罗列与摆设，无需对空间有什么讲究，而时尚办公，主要是讲究空间的体验设计，更要综合考虑整体办公环境中所涉及的各种材质元素，如地毯、灯具、景观、软装道具等立体的结合与场景

图3-11　华旦线下"场景式"体验店

图3-12　时尚服装设计工作室真场景

图3-13　这是一家时尚电影工作室真场景

图3-14　这是一个休闲茶吧休憩区真场景

的构造。办公空间的"体验式真场景"的核心是：按照一个有实际功能的场景来布置一个场景，让人在场景中体验到产品的"时尚、轻奢、品质"以及产品与环境的互动，让人可以真正体会到，产品在真实的环境下是什么样子，从而感染用户。比如，时尚服装设计工作室真场景模拟、时尚电影工作室真场景模拟、公司休闲茶吧休憩区真场景模拟等等。

（3）终端推广：即刻场景体验式新零售

对于家具或装修类，人们不仅希望看到实际的产品，更希望立体感知到产品在实际使用中真实场景的样子。华旦时尚办公家具在终端销售时，销售人员采用酷家乐效果图软件，这个软件可以根据用户办公空间的实际尺寸，把用户选取的意向产品款式放入到指定的办公空间内，并几分钟内展现出其家具摆放在这个办公空间内的展示效果图，而且整个办公空间还可以立即进行立体式效果装修（含地面铺贴、墙面装饰、天花装修、各种软装硬装等），可以让顾客事先就看到装修的场景效果，增强产品的现场体验感。当用户的场景效果图被用户确认后，软件可以自动生成产品清单。从这个流程上看，成交的最关键环节就是用户对产品实际使用效果的体验，随后的一切结果皆需要"用户场景体验"对用户购买成交的促动为前提的。这种场景式体验方式，将让人可以从感性的方面，去体会到场景给人们带来的美好，以及产品的解决方案，助力成交。

【教练作业】

1. 请从"重新定义消费场景"的角度思考你所经营产品的"价值创新与产品创新"。

2. 请用场景细分手法，进一步规划你的产品线。

3. 你的产品可以用哪些"场景体验"手段，来提升用户消费体验？

PART 4

新品类发现与
新爆品塑造十步法

前几年，"同质化产品的库存滞销"就给凡客诚品带来致命一击，这些经验教训告诉我们，"模糊的物质时代、同质化消费时代"已经过去，"品质工匠，个性化需求"的新品类个性化需求已提上日程。

传播为王时代，是研究产品卖点，而体验为王时代，则研究用户的"感受"为出发点，拷问用户感受，产品才有未来。

所以卖点最终要服从于解决用户痛点。产品的核心打造，就是产品所提供核心价值的塑造，围绕产品的价值去打造产品，形成可以解决用户痛点的价值卖点。所以最能戳中用户痛点的卖点才是最有效的卖点。

本章作为全书的重点，将通过十大方法及丰富的案例，为大家诠释如何发现新品类、如何塑造新爆品。

4.1　抓准用户痛点

产品痛点的三个级别

我们一直在谈，产品的底层价值就是解决用户的痛点，否则就不会有产品的价值供给。而产品的痛点来源于三个级别，见图4-1。

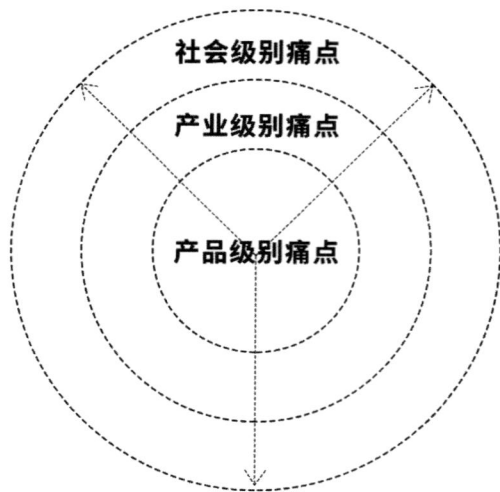

图4-1　产品痛点的三个级别

（1）产品级痛点

就是围绕一个产品本身所能给到用户的体验会产生怎样的痛点，进而思考解决这个痛点所引发的新的价值点。聚焦于研究产品级痛点最能找到产品新的价值定义。因为围绕产品来思考，就如何去梳理与重新定义产品使用场景，聚焦产品功能用途，聚焦打造一个倍受欢迎的价值点。可以从很多角度去塑造一个新爆品。

小米手机，是从性价比角度去打造了一个新爆品；江小白，是用"情绪发泄"来重新解构年轻人喝白酒的定义。

（2）产业级痛点

是解决一个产业内存在已久并一直未被解决的，或一直被默认的痛点问题，从而产生新的价值提供；往往一个新的技术升级，就会产生新一轮的产业升级，比如互联网+柔性化制造，就解决了个性化定制与批量化生产的矛盾痛点，这同时也是一个产业技术的问题。

（3）社会级痛点

就是在社会条件、人类技术发展还没有能力去解决，但一直存在的痛点与问题，比如谈癌色变、水质污染、大气污染的社会大困扰。

当然，当找到解决产业级痛点，或社会级痛点时，我们就称之为"产业风口"或"社会趋势红利"或"时代风口"了，那不是一个量级的"新爆品"。例如，5G，这既是任何一个产业级痛点面临的所需解决的大风口（人工智能），同时，5G又是"社会趋势红利或时代风口"。

产业级痛点，社会级痛点，一般都是需要时代科技发展到一定的阶段，才会引发一轮新的革命。而我们在现在的社会科技条件下，新爆品的打造还是从"产品级痛点"来深挖机会。所以这又回到了最底层的产品根源：用户的即时痛点，如何解决？如何重新定义产品价值？提供什么产品价值去满足用户的体验需求。当然，也有一些新爆品的成功，既是产品级的成功，也是产业级的成功，甚至将是社会级的成功，例如，一撕得拉链纸箱，从产品级角度看，是一个3秒开箱超级好体验的箱子，从产业级角度看，它解决了困扰行业近百年的五花大绑纸箱打包的痛点；而且从更深层次上看，一撕得纸箱的环保与重复再用，也是有助于一个社会级的问题"环保、生态"。

然而，怎么找到最能聚焦的痛点，足够痛以致于可以去创造一个"新爆品"？

◎ **理清楚卖点与痛点的区别，找到一级痛点足力打造**

（1）卖点与痛点

一直以来劲霸男装："专注茄克33年"，然而，在移动互联网时代，人们关注的是产品体验是否过硬，如果产品不能很好满足新的消费体验需求，你做一百年也是白搭。而市面上有一种免熨衬衫，"免熨"解决了每次穿洗都要熨的麻烦，不管它做了一年还是两年，只要"免熨"的体验好，解决了每次穿衣前都要"熨"的痛点，就是成功的。这也是为什么现时代，有很多产品重新定义了产品价值，能在两三年内，或者三四年时间就可以做得很大，甚至迅速超过那些拥有几十年历史的产品。很明显的一个例子，一个舒适鞋品牌"多走路"，也就是短短三四年，就做到几十个亿的营业规模，其主要的驱动因素就是，多走路鞋，找到了切中用户痛点的新定义：走路很舒适。米家生活工具，一把以前认为是硬邦邦的冷门产品镙丝刀，如今成了家居必备工具，因为它找到了"居家生活工具"的痛点解决：生活当中有很多需要拧镙丝的小场景（安装书架、小家具、玩具，修理家居用品），所以镙丝刀也可以是家居必备品，这就重新定义了镙丝刀的产品价值。

（2）一级痛点

所谓一级痛点，往往是用户会一直在抱怨的，就是一直没有解决的痛点，就是一级痛点，也就是所谓的引起用户的"愤怒与恐惧"的那个点。通过数据的统计，以数据拷问的形式来找痛点，反映次数与频率最强烈的就是最强痛点。持续关注与收集市场对产品使用的相关信息反馈，方便产品迭代与升级，这是优秀产品对把握"痛点"的基本做法。

寻找痛点，是产品持续优化升级的依据。时代社会环境在变，消费群体的审美、期望值在改变，每一个产品在当初的存在，只适应了当初一段时间的痛点解决与需求满足，所以有人说所有的传统产品，都可以用互联网思维重新做一遍。为什么这样说，因为现在互联网成为了像水与空气一样，离不开我们的生活，我们的生活习惯与思考方式已经受互联网的链接所立体无缝浸染，很多传统的产品就会面临着新的消费方式与机遇，而需要被重新定义产品价值。

（3）痛点与心智

痛点是"用户心中的痛"，心智是用户对痛点"解决方案"的信仰。新爆品要引爆，就必须让痛点解决方案植入到用户心智中去。

痛点，就是通过对人的理解，对产品、竞争、市场的剖析所挖掘出来的，痛点就是让消费者在很纠结时，突然一兴奋：这就是我最需要的产品与服务。新爆品由痛点而生，只有弄明白了消费痛点，才能算开始了新爆品打造。宝洁公司是最善于以用户痛点为抓手，细分品类，研发产品来解决用户痛点，满足用户需求的企业。以下宝洁公司洗发护发类以及香皂/沐浴露类，细分出用户更多痛点，创造出细分市场的新爆品体系，见表4-1。

表4-1　宝洁以"痛点细分"打造新爆品体系

洗发护发类新爆品		
用户痛点	解决方案/产品角色/用户心智	新爆品（品牌）
头发乱、卷、不柔顺	柔顺专家	飘柔
发质干枯无营养	营养专家	潘婷
头发异味	香发专家	伊卡路
头皮屑多	去屑专家	海飞丝
传统呆板	时尚专家（摩登）	沙宣
香皂/沐浴露新爆品		
用户痛点	解决方案/产品角色/用户心智	新爆品（品牌）
皮肤滋生细菌螨虫	侧重于身体的健康除菌	舒服佳
皮肤表层无保养	侧重于美容护肤	玉兰油
皮肤干燥皱褶	侧重于皮肤柔滑洁净	飘柔

【教练作业】

1. 请你用简要文字，表达出你所经营产品所抓取的用户痛点，并对痛点分级。

2. 请尝试对你所经营的产品进行痛点再细分，并找到对痛点的解决方案，进行产品类别的延伸规划。

掘金实战：食族人酸辣粉：凭什么"网红"

说起方便粉面，有句吐槽的话：世界上最遥远的距离就是方便面包装和内容对比图的距离。几十年来，方便粉面，一直是这个现状：包装图片上大片肉、大只虾，新鲜美味诱人，实际上拆袋后几乎找不到一块肉，看不到一只完整的虾。人们被一句熟悉的广告口号"……就是这个味""蒙蔽"了很多年：方便粉面就是这个样子，好吃不好吃，都是这个味，消费者一直在"将就着"，只为即泡即食图个方便。另外，传统方便粉面的包装桶普遍材料太薄，倒入开水后容易软化，容易烫手，撕开盖膜冲泡时，膜盖太软盖不住热气、不好保温等等不好的体验……这些让消费者一边在抱怨，同时却又一边在承受。毕竟，方便粉面的定价普遍在3～5元/桶，对于这样价位的方便粉面，人们就不应该有太多超出预期的奢望。

时代悄然在变。

"90""00"后成了时代新族群。网络生活让他们习惯宅居、夜猫、旅行、加班；到了饭点也不准点就餐，那是常事；而一旦饿了马上就要吃，连多等几分钟都会不情愿，这一代新新人类，非常热爱外卖或方便零食，因为这可以满足他们碎片化的生活节奏。

"90""00"后普遍都是属于"享受型成长"的一代，基本上家里什么好吃的、好穿的、好享受的都优先满足他们了；这些年轻消费者注重自我，尊重个性，他们对物质的追求，只追求更好的，对不好的，丝毫不会将就。他们注重产品品质，无论对品牌还是产品口感，都较为挑剔。同样，对于传统的方便粉面，他们觉得不新鲜、不足料、不好吃、不好看也不好玩。

食族人领悟到这些新新人类对传统方便粉面的痛点，洞察并发掘到这个消费升级背后隐藏着的一个新需求：传统方便粉面需要重新定义新的价值需求；正宗、新鲜、足料、好吃，还要酷（好玩）。食族人酸辣粉就是这样一款重新定义新消费价值的，好吃又酷酷的酸辣粉。

◎ 洞察"新新人类"新需求——食族人酸辣粉：好吃，又好酷

我们一起来看看这款被抖音网红引爆的食族人酸辣粉，到底是一款怎样

的产品，见图4-2。

图4-2　食族人酸辣粉

（1）新鲜、正宗："酸得虐，辣得疼"

人们说重庆酸辣粉才叫正宗，它的辣靠近你的心跳、血液和灵魂。辣椒挺香，粉又劲道，食族人酸辣粉就是这样新鲜正宗。要问为什么它如此深受网红追捧，是因为食族人酸辣粉可以勾引你的胃：让你的味觉"酸得虐，辣得疼"，把你虐得"想要"又"不要"。

（2）大包料，大片肉，食足爽

食族人酸辣粉包装上印了几个大字：大包料、食足爽（更多料包，更足配料的意思），吃过的人都深感名符其实。首先，在包料上，食族人酸辣粉精选白芝麻、锁鲜蔬菜、香酥麻辣花生、陈年老醋、秘制粉包以及各类肉质包材等；调料包、醋包、菜包、豆皮包、花生包、配料包，足足六包，应有尽有，用料上丝毫不逊色于实体店的酸辣粉。而最让人吃得爽的是，食族人酸辣粉内真有大块的肉、长条的肚条，再也不是传统方便粉面的那个只能在画面上看看的那块肉。

当然，一盒酸辣粉的灵魂还是酱料包，味道调的好才能发挥出食材的优点。食族人酸辣粉的料包足够味，如果用100个度来衡量辣度，这个粉应该是70度，黄金点的辣度：辣得爽。食族人的粉饼由纯红薯粉制成，高温熟化，香滑细嫩，既有柔软的口感又有劲道的嚼劲，在粉丝绵滑的口感下还增加了咀嚼的快感。

（3）抖音包装，自带传播力的包装

食族人的包装完全打破了传统方便粉面的包装。

其一，包装的材质采用质感很强的牛皮纸包装，硬质环保，造型时尚，上盖也可作为下托垫，隔热不烫手；

其二，包装桶上配上涂鸦风格的字体和一些生动有趣的卡通漫画；这些耳目一新的创意画让年轻消费群体觉得年轻潮流、轻松简单、有趣好玩、很酷好炫。正因为这样，越来越多的年轻消费者都喜欢拍照发朋友圈，"炫吃"好玩。这样的包装凸显产品属性、好记忆、易识别，更适合于网络化传播，也正因为产品好吃又好看，越来越多年轻人在抖音微博上炫美分享，被网络炒红成了抖音网红酸辣粉。在短短三年内食族人成了正宗方便酸辣粉的品类代言者。

4.2　搞清晰用户的画像

把产品卖给所有人，是错的！

搞明白用户是谁，是产品定位的前提基础。一般来说，用户锁定得越精准，就越能搞明白用户是谁，就越能针对用户的体验作出产品价值点或产品价值链的打造。对于用户的理解，表面上看，用户就是人，就是消费者，人越多越好，覆盖面越广越好。然而，当我们对用户的群体进行有效的筛选、沉淀、再筛选、再沉淀后，我们发现，真正的用户，就是最有痛点感受的那个人，对产品最有需求的人。所以，对于新爆品的打造，我们需要重点搞明白我们的用户到底是谁？这样我们才好研究用户的底层需求，去研发我们的产品设计与用户体验。

◎ 不必把产品卖给所有人

传统工业时代，产品越宽越好，功能越多越好，覆盖的人群越广越好，也就是"把产品卖给所有人"。而"精致消费"时代的今天，这种观念完全相反了。

一个"能满足所有人需求的产品"，对于消费者来说，充其量只能是一个普罗大众的必需品，如油盐柴米酱醋茶。

一直以来，"把产品卖给所有人"的消费观念与现状，制约着消费品细分与升级。曾经的手机，只是手机，可以卖给所有人，后来，才有智能手机、音乐手机、大屏智能手机、老人手机等；曾经的大米，只是主粮，卖给所有人，后来才有有机米、宝宝米等；曾经的鞋，只是用于走路的鞋，后来才有运动鞋之说，再后来才有智慧记步运动鞋（适合运动记量）等等。把产品卖给所有人，意味着用户定位不清晰，意味着产品的研发、推广都没有很精准清晰的目标针对性，更不能说产品与服务有很强的差异化了。

找准消费受众，给用户画像

产品在为谁解决问题，他得到了即时满足了吗？

——这是用户画像问题。

一般来说，消费受众由"品类段""特征段"或"年纪段"来定位，但无论哪一种方式来细分产品品类都有一个共性，那就是：把产品只卖给这"一个人"。那么"这个人"是可以被画像出来的，他的年纪段、消费特征、情绪需求、兴趣爱好、信仰喜厌、出入场合、购物习惯、志向抱负、恼怒快乐、行踪轨迹等等。

有这样"一个人"：职场是管理者，开的是豪车，业余喜欢打高尔夫，闲暇之余喜欢上网购一些经济类的书籍，喜欢乘坐早班或晚班机，在飞机上喜欢阅读，总是在深夜进行批文，这一些的情况，就是对这个人的画像。可以看出这是一个高端商务人士或知识分子。可以看出这类人在健康方面有特别强的需求，并且有很强的消费能力，所以类似什么嚼着吃的"虫草"就是针对这一群人来研发与推广的。还有类似职场人士健康椅也是针对这样一群用户画像的人。每一个有效的产品都可以对其用户服务进行场景拆分与画像的。而新爆品的用户画像应该更加精准与清晰。

◎ **不能"用户画像"的产品是无效的**

有些产品并不是它没有用，而是用户不明确，不精准。或者说表述不清楚。比如，国外某公司推出的一种"维生素E"腋下清香剂，是把维生素E喷在腋下，就是加了维生素E的清香剂。"维生素E"对腋下的作用如何？——产品体验痛点不明确，更无法指出这个产品的消费群体是谁？不能用户画像，意思是说，我们无法描述出这个产品给谁使用，所以就画像不精准了。

那么，如何快速精准地给用户画像呢？我们从解剖以下"用户画像公式"（见图4-3）可以得出用户画像三步骤：

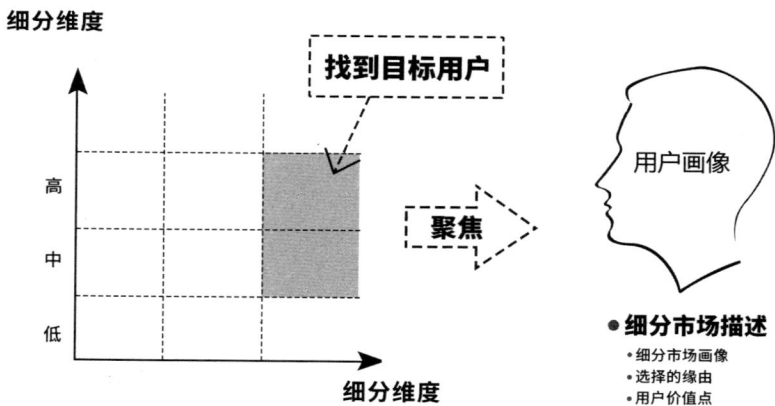

图4-3　用户画像公式

（1）选取产品聚焦的两个首要纬度：选择你最能代表产品聚焦方向的两个产品细分纬度：分别设为纵座标与横座标；

（2）找到目标用户：对此纬度再从轻度到高度进行细分，最后交叉部分就为你所找到的目标用户；

（3）找到此目标用户的细分市场，并进行描述：这些主要的描述内容是：谁会最急于要使用此产品？他有怎样的痛点？这个痛点将引起怎样的反应？你有什么样的产品与服务可以解决这个痛点，并能取得什么样的好效果。如果表达得再具体一点，就可以对用户进行消费前后的描述与画像对比。这些搞明白了，就可以坚定"什么可以做""什么不可以做"，更能深刻地理解用户的体验。也为产品的研发、服务以及后续的迭代提供更精准的分析与参照。

掘金实战：华旦时尚办公家具的用户画像

在办公家具这个传统大品类中，华旦通过市场分析后，锁定一个更精准的受众：时尚现代型企业，聚焦时尚现代风格，开创了一个新品类。

◎ 华旦时尚办公家具的用户画像

我们依上述用户画像公式来对华旦时尚办公家具的用户画像进行梳理，见图4-4。

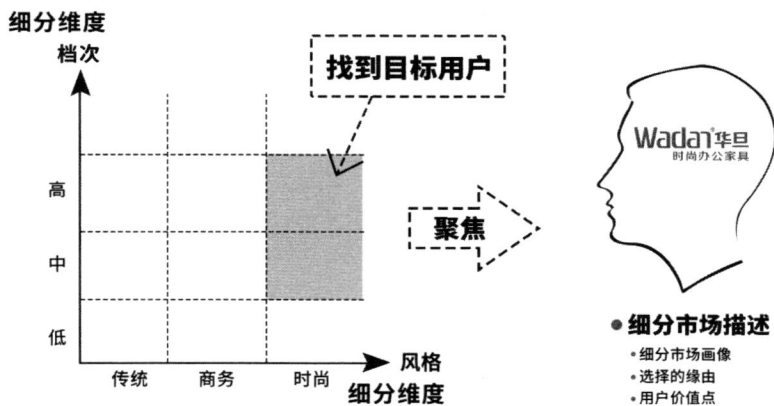

图4-4　华旦时尚办公家具的用户画像

（1）分析细分纬度：横座标为：风格纬度（时尚风格）、纵座标为档次（中高档），也就是做中高档的时尚风格办公家具。

（2）锁定目标用户：两个纬度一交叉就可以精准地锁定目标用户：现代时尚的中高端用户。

（3）细分市场描述与画像：时尚办公家具，其主要用户群体为类似互联网科技公司等现代型中小企业，这类用户的画像可以这样来描述：

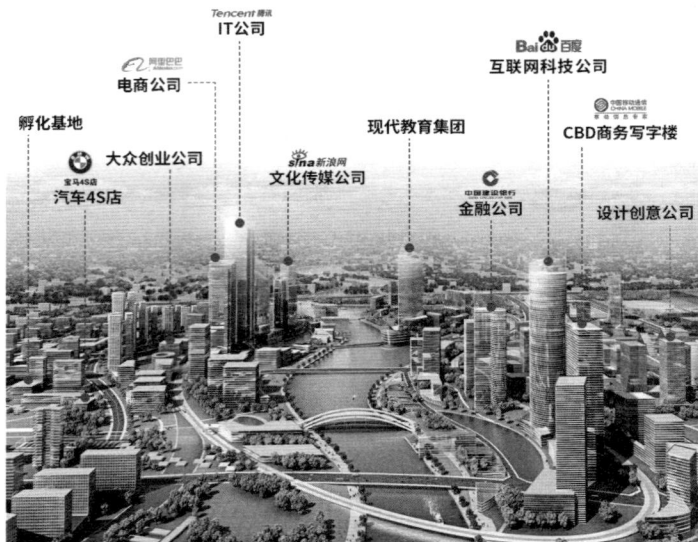

图4-5 锁定精准用户——现代中小型创业公司

一、用户类型

类似互联网科技、时尚型公司、金融公司、IT公司、电商公司、设计创意公司、汽车4S店、文化传媒公司、孵化基地、地产公司、CBD商务写字楼、万众创新公司等现代企业。

二、用户特征

（1）用户公司的特征

现代创业型公司崇尚现代、时尚、轻松、年轻、活力，企业有一定的文化创新氛围，公司有较完整的团队架构与创新的经营管理模式。

（2）企业主（决策者）的性格特征

思想站在时代前沿，崇尚年轻时尚化，且对办公环境有讲究，注重办公环境的环保与舒服感；注重提升员工办公环境来提高员工工作效率。

（3）产品的使用者群体

用户企业的领导层：年龄在28～45岁为主，职员年龄聚焦在18～35岁，整体偏年轻有活力；员工对办公空间及活动场景有较多的需求，比如，个人办公、互动交流、洽谈、会议、公共休闲、私密区，他们能在这个时尚现代的办公空间内保持更好的办公氛围，达到更高的办公效率。

三、用户体验

聚焦"时尚办公空间"：流行、时代感。

四、种子用户（目标）

（1）类似互联网科技时尚型公司：如腾讯、百度、阿里、微软，新时代众创空间。这些企业是产品的使用者、传播者、反馈者；

（2）装饰装修设计师：这些间接用户追求时尚现代，并对其业主具有很强的推介作用、意见反馈的影响力；

（3）时尚电视剧办公场景用户：时尚电视剧内的时尚办公场景对年轻受众具有较广泛的传播与影响，起到场景带动的作用。

【教练作业】

请用目标用户定位与画像路径法，快速找到你的目标用户，对用户进行画像。

4.3 搞明白自己是谁

给品牌起个专属好名字

一个品牌，有好的取名，更容易成功。

为什么这样说呢？

首先，有好的取名，说明你对产品分析透了，想透了。

其次，当你把你的品牌名与产品名说出来的时候，用户或听众听起来很明白很精准，能说到用户心里去，并且爽口爽心，又好记忆；另外，好的取名，很容易被提起，也很容易传播。饿了吗、滴滴打车、饭扫光等等，这些一说起来，听起来都很明白，易记、易传播。

◎ **好名字取给谁听？**

工业时代，取名是以企业的愿景为出发点，讲给企业自己内心听的。类似什么"宏发、客隆、富华、高升、富通、吉福"等等向往美好愿望与吉祥的名称；查询一下商标注册网，这些美好意愿的词语基本已注册。而移动互联网时代的品牌与产品命名，则更多的是从"用户感受、用户体验"的角度去取名，是讲给受众听的，讲给用户听的，是要讲到用户心里去的。如跨境内游，去兜兜（上"去兜兜"网找路线找导游，找吃住行等服务）；"饭扫光"下饭菜，意味着，吃"饭扫光"下饭菜，把饭吃得光光的，一颗不剩，意味着这种下饭菜太带味了；"饿了吗"，用户饿了，赶紧叫外卖。这些都是从消费者体验与心智角度来起名的。

品牌命名要与时俱进。这是一个追求简单的时代；这是一个喜欢"卖萌"的时代，这是一个崇尚"说话不累"的时代。新时代的品牌命名应该遵循以下规则：

（1）简单常识，易记，易理解；

（2）时代感强；

（3）人格化，人性化，直观感；

（4）朗朗爽口，易说，易传播；

（5）能充分表达产品属性或关联属性；

（6）能体现行业、领域或专业属性。

例如，三只松鼠（互联网坚果）、三个爸爸（空汽净化器）、酒仙网（互联网白酒平台）、酒鬼酒（白酒）、香飘飘（奶茶）、饭扫光（下饭菜）、多走路（舒适鞋）等。

品牌取名要充分表达品类名或属性名。这个品牌做什么具体的品类，或这个产品的属性，要很清楚地表达给受众。如，去哪儿（旅行网）、滴滴打车（打车软件）、饿了吗（外卖平台）、秒拍（视频社交平台）、今日头条（新媒体平台），如果产品再从这个大品类中进一步细分为小品类，那么就以加前缀词长尾或关键词来进一步细分产品属性与品类，如可以打电话的手表等。

根据用户心智记忆规律，一个新的品类，则需要对应一个新的品牌名称去占领这个品类，这样，就让用户简单易记。阿里巴巴旗下拥有淘宝（综合性网购零售平台）、天猫（B2C品牌商零售购物网站）、菜鸟（提供快递代取寄送查询服务）、飞猪（综合性旅游出行服务平台）、盒马鲜生（生鲜配送新零售超市）、闲鱼（闲置交易平台）等，每当一个业务孵化起来便立即独立门户、启用全新的品牌名。这样有利于品牌占据用户心智中无人之地。

图4-6　互联网行业：一个品牌名称占用一个品类的例子

互联网行业遵循这个规则，传统行业照样也遵循这个规则。

在传统物质需求时代，很多产品就是一个大类，比如办公家具，就是办公用的家具。但随着时代的发展与用户个性化的需求，出现了各种风格品类、各种使用领域、各种渠道属性、各种档次定位的需求。由此，办公家具也出现诸多品类，如风格上分，有德式风格、意式风格、新中式风格、简约风格等等；从使用领域上为分，又有党政军类、现代企业类、金融系统类、医疗养老家具等；从调性上分，有商务类、时尚类、综合性、传统类等。由于消费在细分，品类战略也越来越应用到传统产品的品类细分中去。而如果用一个品牌名称去涵盖众多风格、众多使用领域的家具，就不利于自身的业务聚焦，就不能很专业地做好一个特定的风格或领域应用的产品，这个品牌也就不能给用户带去专业领域的角色代言，用户对于其业务的辨识也就是混乱的。最终，搞混了用户，当用户不清楚时，业务链就会出现混乱。

华盛家具在其品牌与品类战略规划中，也推行品类战略，一个品牌名只对应一个品类，让家具品类体系非常清晰，并且更利于用户对品牌所代言的品类留下深度心智认知。让品类在用户心智中沉淀专业的印象（如图4-7）。

图4-7　一个品牌名称占用一个品类

类似这样成功的案例在传统行业还有很多。如宝洁公司，在品牌名对应细分品类这方面也应用得炉火纯青：去屑洗发护发类（海飞丝）、柔顺洗发护发类（飘柔）；瓜子二手车，前身为"赶集好车"，由赶集网孵化而来，不用赶集好车，是基于赶集网是信息分类网站，是提供信息的，品牌角色已固化，很难再去重新去占领一个心智无人区；快狗打车，前身是"58速运"，由58同城孵化而出，58同城也是一个分类信息网站，其在信息服务类角色已经在用户心智中沉锚固化了，用这个固化的角色也很难代言另外一个新的角色与使命。

所以，新的心智领域，用新的品牌名称去占领，这样就在新品类上的角色有对应担当，并作了很好的区隔，不但不会造成心智混乱，还能保护品牌不受消耗。

【教练作业】

1. 列出三个你接触到的，你认为是比较好的起名？并说出为什么好？

2. 列出三个你接触到的，你认为是不好的起名？并试着给予更名。

3. 列举三个产品，并清晰地表达出品牌名、品类名以及价值主张。

掘金实战："58速运"为何更名"快狗打车"

"58速运"更名"快狗打车"，引发朋友圈吐槽与戏谑争议，大多数观点认为这次更名好失败。然而由于朋友圈刷屏以及社交新媒体的热议，至少多了过亿人知道了这个平台。据说在更名后的一个多月内就增加了几倍的新客户。

我们不禁要纳闷：为何大家都认为这是一次失败的更名，但却恰恰收获了丰硕成果？更好奇的是为何"58速运"要更名成"快狗打车"这样一个奇葩的名字。这是一个非常经典且有趣的"产品取名"案例，背后隐藏着很多"玄机与商业考量"。

◎ 奇葩名字背后的玄机

"58速运"是国内分类信息网站"58同城"所属的一个业务版块。58同城，是互联网大品牌，按理来说，应该首先要去背靠这棵大树，利用实力去赢得客户。然而，在用户的心目中，58同城就是分类信息网，"卖信息"他是专业的，用户不会认为"拉货，搬家，运东西"也是他的强项。也就是说，58品牌很难与"拉货"这样的新业务搭上调。58品牌既要代表"分类信息网"又要代表"拉货、搬家、运东西"这项新业务，一个名字代表两种跨度不同行业的业务，这在用户的心智当中是很容易混乱的。所以"58速运"如果继续沿用"58"品牌，不但导致用户认知混乱还会模糊或损耗原有"信息分类网"的心智定位。

（1）新名字单独承载一个新业务，让业务更聚焦

这就要聊到一个产品的名字应代表怎样的品类属性与产品范围了。更名前，"58速运"的用户主要集中在批发市场，是众多小商家小商贩的拉货服务平台，也就是说其用户主体集中在B端市场。然而，我们身边的一些类似生活现象被关注到，如：人们生活当中存在着拉货、搬家、运东西的诸多需求，如毕业季、上班租房客、白领搬家、小店主等等，这些广普大众的生活中潜藏着各种拉货需求（C端大市场），这是"58速运"看到的巨大的蓝海。这让"58速运"产生新的欲望：要从B端市场向C端大市场转型。然而，这个

C端大市场需要一个新名字来承载"拉货、搬家、运东西"这个新的业务。从定位理论的角度看，C端大市场这个巨大的品类空间，其心智还是空白的，需要一个全新的名字来率先占领这个用户心智无人区。

（2）产品的命名即是战略定位，产品更名则是战略重新定位

为了实现从B端市场向C端大市场的战略大转型，"58速运"重新定位为"拉货的打车平台"，核心词是"打车"，而不是"货运、快运、速运"。

在滴滴、UBER等出行巨头的市场扩张影响下，"打车"一词在用户心目中已经沉锚，在用户心智中被默认为"在线响应，滴的一下，马上出发"的代名词。用"打车"一词，让"快狗打车"与传统的货运搬家平台区别开了。同时，"快狗打车"又与传统意义上的"打车"区别开，重新定义了出行行业。生活中有两种打车，一种拉人，一种拉货。将"快狗打车"明确定位为"拉货的打车平台"。从"速运"到"打车"，看咬文嚼字，但实际上则完成了战略的重大升级，在用户心智中进行了一场从B端到C端的迁徙；在商业模式上开启了一次赛道转换：从估值较低的货运跑道转向想象空间无限的大出行跑道，这是本次更名的巨大玄机。

（3）品牌命名要能生动表达品类的价值属性

"打车"敲定了，"快狗"又是怎么来的？据说，"快狗"是58速运并购的一家货运公司"GoGoVan"的中文名。品牌命名应尽可能贴合品类属性与特性，"快狗"一字拆开来解释，狗，本来就是一种嗅觉灵敏、反应敏捷的动物，加上是快狗，更是体现出"快速响应"的寓意。这个生动的取名与"一号货的、货运宝、拉货宝、货拉拉"等所有拉货平台具有很强的差异化，而且让人一听起来，就感到这个平台对业务的反应速度很快。然而当更名宣布后，"快狗"很容易被人们曲解为对货运司机的不尊敬等负面吐槽。但恰恰这种吐槽让更多的人想知道其幕后的真相。这也可以这样来理解，快狗打车这个取名，本来就自带传播属性，从而让这个"业务定位"得到了不需要广告费用的"自传播"效果。

"快狗打车：搬货，拉车，运东西"这个简单通俗的案例，告诉大家，一个成功的产品或品牌取名，是产品战略的外在表现，取名必须清晰明了地

告诉大众，我是谁，我为用户提供什么价值。快狗，是品牌名；打车是品类名；搬货、拉车、运东西，是这个产品传递的产品价值。这看似只是一个更名，实则上是一个新爆品诞生之际，搞明白自己是谁的经典案例。

4.4　明确产品的即时价值主张

怎样精准找到用户的价值需求

一个品牌，起码由这几个方面组成：品牌LOGO（视觉与符号表达）、品牌名称（什么品牌）、品类名（什么样的产品品类或产品属性）、口号（表达什么样的价值主张）。新爆品首先应搞懂用户价值需求，只有明白了"用户要什么"，才能真正搞清楚品牌"主张什么，崇尚什么，推广什么"。所以，企业与品牌所传递的价值，就是"最强需的用户体验"。

◎ 一切资源计划都将围绕核心价值打造配置

品牌的价值主张一经确定，就确定了品牌需要配置哪些资源来打造这个主张，就确定了产品的差异化竞争点、就确定了产品将植入到用户的心智定位。老板大吸力抽油烟机，其价值主张是："大吸力"三个字，这就决定企业需要调动一切技术资源与科技升级来打造"大吸力"这个核心价值；大吸力就是竞争差异化；大吸力就是植入到用户心智当中的一个词语；用户往往被自己心智中的这个词所提醒，买抽油烟机首选大吸力的。所以搞清楚自己到底主张什么，到底要做什么，是新爆品的开始，后面的一切资源计划，都将围绕着这个核心价值打造来配置。

（1）什么是即时价值主张

诚然，用户的需求和用户体验会随着消费的升级、市场的竞争、产品的迭代、时代的变迁而阶段性地变化，所以品牌所传递的价值也是阶段性的"即时的价值"。通常，"即时价值"是通过广告语或品牌口号来传递的，只要能给品牌带来阶段性的价值主张，或价值主张的战略性升级，都是好的价值主张。

滴滴打车，起初阶段的广告语是"滴滴一下，马上出发"。传递的"即时价值"是：用滴滴打车软件叫车，打车快，不要久等。竞争阶段：滴滴的广告语改成了："四个小伙伴，三个用滴滴"，这是针对快的等竞争对手抢占市场份额而做出的价值定位，因为此时，"滴滴打车，即时、快捷"的用户需求已家喻户晓了，而品牌所面临最大的价值使命是抢占更大的市场占有率。

（2）价值主张决定战略

一个品牌的即时价值主张，其实就是搞懂自己在现阶段什么可以做，什么不可以做。这对于新爆品打造而言，这就是战略。可以做什么决定了战略的聚焦，不可以做什么，界定了对战略干扰的因素。聚焦才能专业，聚焦才能做出自己的特色与风格。例如，海底捞只做火锅，加多宝只做凉茶，就可以在这个聚焦的单品类领域内做深做透。新爆品的本质就是聚焦专业领域，做到极致。好比前文中讲的：快狗打车，专注于拉货、搬家、运东西。他的价值主张是：拉货，但不拉人。而一个品牌如果为了短期的利益，经不起诱惑，或者战略决心不够，分散精力，不够聚焦，是很难做到专业与极致的，做杂了就形成不了专业的品类。

掘金实战：加多宝与王老吉的"价值主张"争夺战

◎ 价值主张=心智资源，影响用户流量

我们从加多宝与王老吉的"红罐之争"这件事说起，来梳理一下，为什么产品的价值主张很大程度上影响到用户的流量。

1997年广药集团将红罐王老吉商标使用权，授权给加多宝母公司。加多宝在获得王老吉商标授权后，配以香港王老吉提供的凉茶秘方，改良生产出

红罐凉茶，开始了王老吉扩张之路。

2006 年德国世界杯期间，一句"怕上火，就喝王老吉"深入人心，让王老吉凉茶从保健食品彻底转型到功能性凉茶饮料。随着凉茶市场规模做到数十亿、上百亿，"怕上火，就喝王老吉"已成为人们对凉茶的信仰，此时，加多宝和广药集团在王老吉的商标使用费和使用年限上，出现了分歧与矛盾。广药集团要求收回王老吉的商标使用权。加多宝最初就预料自己将会失去"王老吉"商标使用权，所以，在 2011 年下半年就开始去"王老吉"化。

首先在包装上，一面仍然印着"王老吉"，另一面则印着"加多宝"三个大字，为其全面更名做铺垫。进而，加多宝冠名了中国好声音，作为当时最受年轻人欢迎的电视综艺节目，贯穿整个节目的广告，精准地在这一受众群体中曝光："王老吉已改名为加多宝，一样的配方，一样的味道，怕上火，喝加多宝"，加多宝试图告诉消费者，加多宝和王老吉是一样的饮料，只是改名了。

有意思的是，加多宝一开始就知道"王老吉已改名加多宝"是违法的，但他仍然会这么干。这是因为他很明白自己要守住"产品价值主张：怕上火，喝XXX"，所以他必须转移王老吉的品牌价值主张。正如所愿，当法院在讨论这块蛋糕到底归属于谁的时候，加多宝利用这段漫长的司法程序时间，完成了产品价值主张的转移。

虽然后来加多宝支付了1000多万元的所谓的虚假广告宣传赔偿金，但这相对"产品价值主张"的转移与守护，实在是微不足道。试想，如果当年加多宝没有打这样一场疯狂的"价值主张转移战"，而需要重新打造一个与王老吉毫

图4-8 价值主张转移战
（平面广告）

无关联的新品牌价值主张，哪怕是用尽九牛二虎之力也将事倍功半。

价值主张一旦在心智中占位，市场竞争的背后就是心智竞争。我们把价值主张理论进一步往后拆分，就会发现，心智占位将决定用户流量。当产品价值主张植入到了用户的心智当中后，心智就成了用户流量吸铁磁。

这就是为什么近年，加多宝与王老吉会为一个"红罐"争得死去活来。因为表面上是争红罐，实际上争的是用户流量，因为红罐凉茶是"怕上火，就喝红罐XXX"的心智代言，人们看见熟悉多年的红罐，就会想到可以降火的凉茶。说白了，无论加多宝，还是王老吉，他们都很明白自己的价值主张：怕上火，就喝XXX。

这个价值主张是不能变的。所以在这场争斗中，他们先后争抢了这几个东西：

（1）王老吉商标；

（2）"正宗凉茶"四个字；

（3）"红罐包装"；

（4）"怕上火就喝XXX"广告语。

这四个要素，就是多年来，用户口碑载道，心智占领形成的，这四个要素都是心智资源。

掘金实战："产品价值主张"决定业务聚焦

产品的价值主张，是产品的生命所在，没有明确聚焦的价值主张的产品，是不可能有清晰的用户的。

◎ "产品价值主张"让业务聚焦、做大做强

新爆品为什么能做强做大，往往也是因为新爆品只集中一个点："产品价值主张"来强化资源，打造价值。分众传媒、六个核桃、东阿阿胶、飞鹤奶粉、瓜子二手车、老板电器等成功品牌，都是通过搞明白自己的价值主张来聚焦业务，实现企业业绩规模跨越的。见表4-2。

表4-2　部分品牌的产品价值主张

知名品牌的产品价值主张	
品牌	产品价值主张
Focus分众 Media传媒	分众传媒=电梯媒体 2003年江南春创办分众传媒，通过开辟电梯媒体这一细分品类，仅用两年时间成功登陆纳斯达克。随后追求多元化发展，稀释了"分众传媒=电梯媒体"的心智认知，导致市值下滑。痛定思痛，2009年分众传媒砍掉全部收购业务，重新聚焦电梯媒体。战略聚焦使分众传媒连续多年实现净利润大幅度增长，帮助分众传媒稳坐电梯媒体巨头位置。
六个核桃	经常用脑，多喝六个核桃 2005年六个核桃由风味型饮品重新定位为健脑益智型饮品，独占健脑饮品品类，以"六个核桃"通俗命名，以"经常用脑，多喝六个核桃"的价值定位，体现品牌"补脑"的差异化定位。六个核桃在植物蛋白这个大品类里独创健脑品类，区隔所有竞争对手，最终实现从濒临破产到营收破百亿的神逆转，重启IPO市值。
东阿阿胶 DEEJ	滋补国宝，东阿阿胶 东阿阿胶通过"关联定位"——滋补三大宝：人参、鹿茸与阿胶，将原来主要用于农村老人、妇女的低价阿胶进行品类转换，由"补血"转为"滋补"，并定位为高端滋补品，提升了阿胶品类价值。在其他阿胶品牌加入阿胶滋补市场后，东阿阿胶重新定位：滋补国宝，东阿阿胶，进一步巩固了东阿阿胶的领导地位。
飞鹤	更适合中国宝宝体质的奶粉 飞鹤乳业建于1962年，作为老牌国产奶粉，因受2008年三聚氰胺事件和洋奶粉占领高端市场的冲击，企业几度面临破产。2015年12月，飞鹤引入战略定位，以"更适合中国宝宝体质的奶粉"的定位，间接为洋奶粉的"全球配方"贴上"负面标签"，重新获得中国妈妈的选择。战略定位实施后，飞鹤奶粉由行业第七快速跃居国产奶粉第一，跻身婴幼儿奶粉行业前三。
瓜子 二手车直卖网	没有中间商赚差价的平台 瓜子二手车2015年9月27日上线，定位"二手车直卖网"，通过将传统二手车交易渠道重新定位为"没有中间商赚差价的平台"，强势传播其"没有中间商赚差价"的价值诉求，快速超越同类竞品领跑品类获得成功。定位实施后，不到3年时间实现超过60%的线上交易量占比，成为二手车交易行业最大平台。
ROBAM 老板 精湛科技　轻松烹饪	大吸力抽油烟机 2010年方太通过定位，"中国厨电专家与领导者"占据行业高端定位，对行业形成挤压。老板避开"厨电"聚焦"大吸力抽油烟机"，抢占"大吸力"特性，与方太进行差异化竞争。战略定位实施后，老板吸油烟机市场销量一度领先。

【教练作业】

请你用最简洁的语言（广告语）表达出你所经营产品的价值主张。

4.5　讲好产品的情怀故事

打造产品的匠心情怀

马斯洛把人类的需求分为五个阶段：生理需求（生理功能所需要的，活下去的需求）、安全需求（人身财产安全、生活稳定的安全感需求）、社交需求（对友情、爱情、亲情、隶属关系的需求）、尊重需求（包括对成就、名声、地位、自我价值的个人感觉，也包括他人对自己的认可与尊重）、自我实现（包括针对于真善美至高人生境界的需求）。

在产品功能需求时代，企业唯一的目的就"赚钱"。满足用户的主要需求是"生理需求"与"安全需求"。而当商品过剩时代来临，人们更注重社交需求、尊重需求、自我实现的需求。商品的社交属性以及企业的"感情、情怀、理想"的人格化属性越来越成为"痛点需求"之外的附加价值。见图4-9。

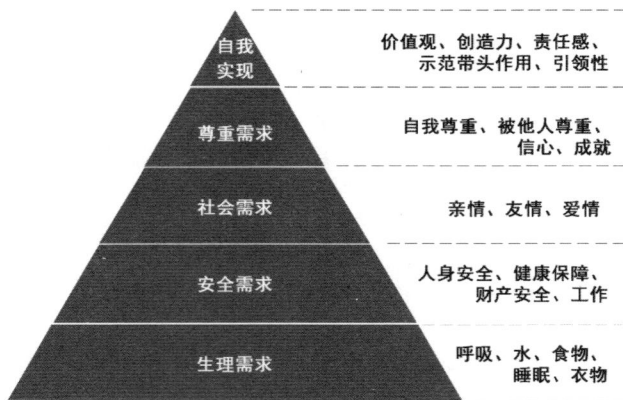

图4-9　马斯洛需求理论示意图

情怀，即是对"情感、理想、抱负、人间真情、社会责任、自我价值实现"等精神层面的信仰。在产品上，情怀是企业或企业家用"工匠精神，大爱魅力"来对待产品与用户的态度与精神。表现在对产品的精致打造，对用户的爱心与尊重，对社会责任的担负。那么对于新爆品来说，产品的情怀有何价值呢？——情怀，会被同步植入到"创始人、品牌、产品"中去的。让品牌添加了"匠人精神"的正能量，情怀是一个品牌的"好的人品"。情怀可以助力品牌的吸引力。相对价格的比拼，产品的情怀来得更加艺术与柔性，是产品的软实力。

◎ **如何打造产品的匠心情怀**

一个人可以媒体化，企业也可以媒体化。"创始人、品牌、产品"的情怀是一致的，情怀的塑造，可以让创始人、品牌和产品明星化。互联网时代，通过讲产品故事来重拾产品情怀，似乎显得更加明显。

近年，曾经搭乘"情怀"列车而快速度引爆的如戴赛鹰与三个爸爸空气净化器：为天下孩子提供一台爱心空气净化器；小米手机，为发烧友而生；格力空调，让世界爱上中国造（大国产品情怀）；名门静音门锁，好门锁要静音（给人们静音生活）；当企业把"情怀"当成是文化在打造时，情怀将会成为产品的"文化附加值"，也成为新爆品区别于产品的精神核心。

情怀塑造的方式通常有（见图4-10）：

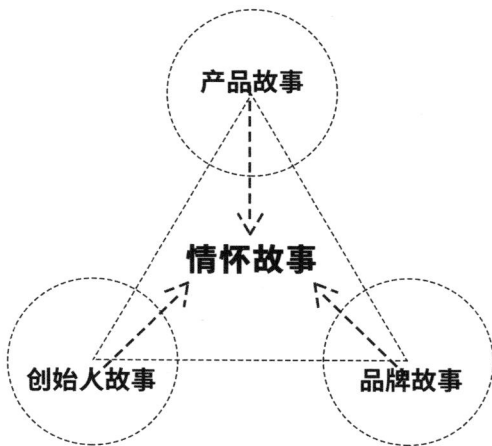

图4-10　情怀故事塑造三段法

（1）创始人的创业情怀理想是什么，如何讲好创业故事；

（2）产品所表达的核心价值是什么，如何讲好产品故事；

（3）品牌的使命与社会责任是什么，如何讲好品牌故事；

（4）用"人格化"手段去表达情怀故事，对品牌、产品及人物进行画像；

（5）企业创始人的个人IP化、"明星化"。

企业创始人，是企业、品牌、产品的精神核心。企业创始人是产品背后一切的综合体。包括：工匠精神、信仰追求、审美水平、社交态度、发展潜力、风格定位、专业程度、权威级别；社会地位、政经态度等。

当一个创始人能对社交资本很好发挥，人格魅力极好塑造的时候，这将在行业与社会圈内产生极大的精神力量，博取更多的"社交货币（资本）"，推动产品、品牌、企业的正向发展。如微信之父张小龙：代表的是互联网社交的权威；海尔张瑞敏代表的是传统企业工匠精神；罗振宇代表的是《逻辑思维》知识。这些企业的创始人越来越成为该企业的代言人。《逻辑思维》、京东、阿里等企业每年在跨年夜，都会有一场别开生面的跨年演讲，这也是创始人明星化、代言企业、吸引粉丝的战术。商业大佬在经营企业之余，凭借个人魅力演讲已成为企业对外宣传的一种方式，兼具企业家的意见领袖、微博红人、网络大咖比比皆是，如万达年会上王建林的献唱，华为任正非深夜等出租车的故事、董明珠给全员加薪的新闻等等都具有一定的企业家情怀色彩。作为企业的核心，企业家带领企业实现目标，通过个体的明星温度来影响周边人，相比刻板的企业元素来说，个人品牌、人格效应将更加鲜活。

【教练作业】

1. 请讲一个产品创始人的创业情怀故事。

2. 请讲一个可以表达你产品核心价值的产品故事。

3. 请讲一个能表达你品牌使命的品牌故事。

掘金实战：华盛家具姚永红的"高品质"情怀

华盛家具一直是品类战略的践行者。十几年的基础积累，华盛家具以不同的产品风格品类占据了多个商用家具领域，形成了较成型的华盛家具品类矩阵，包括：沃盛综合类商用办公家具、华旦时尚类办公家具、高卓高端商务类办公家具、颂典传统经典类办公家具、酒店别墅类整体配套家具、医疗养老家具。提到办公及商用家具，没有不知道华盛的，大多是基于"华盛品质"已成为业内的一个标杆。

◎ **华盛家具如何铸就"高品质"情怀**

业内有一句俗话："要买好一点的办公家具或商用家具，就买华盛家具"，而这种行业与品牌口碑与华盛家具的创始人兼董事长姚永红15年来对产品高品质的执着追求密不可分。

一、品质更好，价格稍好，用户更放心

90年代早期，在姚永红做家具之前，在小霸王公司的车间里担任"品质主管"。基于在小霸王公司品质主管的职业影响，姚总从涉入产品的最初就炼就了"品质是至关产品生命"的理念，并在他心目中根深蒂固了。在他创业初期，应该说，大部分家具工厂还是作坊式的粗糙做工，大大小小的工厂或为了赶工期或为了求销量，很少真正能把品质放到最高的位置，基本上都认为品质工艺差不多就行了。所以在当时的中山乃至周边的家具工厂，家家的产品品质都差不多，谁能在品质上更胜一筹，就能拔得头筹。

姚总从这个行业现状中看到了机遇，他立志要做"以品质致胜"的办公家具。他曾回忆说，在当时决定做品质更高的办公家具产品，有两种可能：第一，产品品质档次高，价格也可以稍稍贵一点点，大家买得更放心；第二，虽然品质更高但是价格也可以差不多，这样只是工厂少赚一点，也将赢得更多客户的口碑与拥护。经过分析与判定，他决定做一个比其它工厂品质更高的产品，价格采用"贴骑竞品"策略，就是价格是骑在竞品背上行走的，品质更好，价格稍好，用户更放心。由此姚总确定了"同行业、同类型最高档次"的品质定位，从2004年一直到现在，这种战略坚持了15年，而且这个定位也将继续下去。

二、时念初心：同行业、同类型最高档次的品质定位

我们说，同样的话能讲三遍，就是重要了，再讲三遍就是唠叨了，而接触过姚总的人都有很深的印象，他在大会小会上，或在各种分享交流活动中，习惯于首先提到的并且是三番五次提到的是：华盛家具是同行业同类型最高档次的品质定位。这样的话，必须在每年的全体员工年终总结大会上讲一遍，在每年的经销商大会也要讲一遍，在每一次的经销商培训会上以及内部高管的培训会，都是必须放在第一位要讲的内容，而在平时他在谈经营管理时，也习惯是从品质定位开始谈起，再谈到企业的经营管理层面。就那么一句话："同行业同类型最高档次的品质定位"。他讲了15年，讲了无数遍。最高品质定位，对他来说已成为一种使命。

品质定位是企业的战略，是做"好产品"的战略。坚持"同行业同类型最高档次"的品质定位，决定了华盛产品在设计之初就重视消除品质的隐患。所以，在产品设计端，姚总问的第一句话总是，设计上有没有品质保障？再者，在原材料的采用方面与技术升级方面，也时刻考虑要做到引领行业，是同行业同类型最高档次。如板式家具率先采用E0级板材。E0级，是可以用于做筷子的材料级别，实现零甲醛释放，更健康；刨花板采用激光封边，对实木颗粒密封更严密，更环保。油漆产品采用环保水性漆、微波干燥系统。精选天然的原木厚木皮，确保原木的真实外观，且品质感更强。

对于板材不断升级，保证品质领先于行业方面。业界在最早用E2级板材时，华盛就率先使用E1级板材，而行业有人开始跟进采用E1级板材时，姚总又毫不犹豫地采用了E0级板材。E0级板材是超国标级板材，在办公家具行业使用可以说是凤毛麟角。因为相对E1级，E0级板材的采购成本高了近30%，这对于一个企业来说，如果要用E0级，就将面临成本上升的极大压力。但企业始终面临两条路：

一是材料升级必然导致成本上升，如果成品涨价，则将要接受流失一部分现有客户的现实；

二是如果成品不涨价，则面临接受负毛利的现实。

然而姚总深信一点：好家具，可以贵一点。于是毅然决定全线采用E0级板材，产品价格略微上调，以维持企业的正常经营。同时通过智能制造提高生产效率来平衡材料升级后带来的成本压力。更高级别的用材，更高的品质，价格相应略高一点，这符合华盛的一贯战略。虽然有一部分客户将面临流失，但是，同时又吸纳了一批更高端的客户与用户，实现了品质升级的预期。

高品质的办公环境能够提升企业与员工的健康指数与工作效率。"同行业同类型最高档次的品质定位"，是做好一个健康产品的开始。就拿一把椅子来说，品质不好的椅子坐久了腰痛，弄不好落下腰椎病；相反，好品质的椅子可以保护脊椎，使人身体健康。华盛从产品设计端到材料采购端，技术制造端到用户体验端全方位重视品质，用高品质来提升用户体验。品质检测与把控涵盖板材的环保、门铰的开合次数，哪怕小到一个椅子的轮子转数寿命、椅座的抗压力等等都有对应的设备进行检测，严格把控质量。基于对品质极致追求，华盛打造了自己的"大实验室"，服务于产品的设计、研发、选材与打样试验等等。家具企业办自己的实验室不多，华盛舍得投入引进大量先进检测设备，管理严格按照CNAS认证要求。

三、创新专门品类，更高品质满足个性化需求

品质更高的办公家具，可以提升公司的档次与品质形象。所以，品质的作用远远不是耐用牢固那么简单。每家公司使用什么样的办公家具，每个用户使用什么样的办公家具，这与用户的文化喜好、个性需求是息息相关的。为此，姚总率先打破办公家具行业固有的综合性大品类的粗糙的行业状况。以"最高品质定位"的战略思维，推行品类战略，也就是，为了满足不同用户对于办公家具的品质需求，把办公家具按个性化、风格化、使用领域等多方面进行分类，按时尚类、商务类、传统类、系统类等类别来分门别类打造品牌，服务用户。这看似品类上的创新，实质也是大品质战略的体现，因为分门别类后，可以分品牌聚焦去打造一个品类，更能做出高品质的产品。也更能提供给对应用户的高品质产品。这也是华盛品质的一个深层次的逻辑与特色。

四、聚焦重复做好一款产品，品质更出彩

高品质定位就是做更好的产品。姚总一直认为一个产品重复做一千遍一定就会做得更好，品质会更有保障。所以他延伸出了另一个经营哲学：聚焦做好一款产品。把一款产品做到"极致"，做到"好卖"，然后昼夜不停地做这款产品。另一种方式是，把产品拆解成不同的部件，大批量生产同一部件，然后根据用户个性化需求组合产品发货。这就是大规模标准品库存销售模式。对于很多其它行业来说，备库存销售模式是非常常见的，如手机或家用电器等，都是标准化的库存销售方式。然而对于办公家具来说，有点特殊，很多办公家具企业不敢生产库存产品。一是担心没有足够强大的销售渠道去销售这些库存产品，如果库存量大，就容易造成积压，有巨大风险；二是产品款式的市场命中率存在不确定性，所生产的产品有可能不是用户需要的产品；三是家具为大件产品，需要存放的空间位置要求较大，占仓成本较高。很多厂家选择先接单再生产的经营方式，而这样却引发另外一个问题，那就是可能会因赶交期而影响到产品的品质。而华盛，基于强大的产品设计研发实力，备足大量高品质标准化库存产品，占据了即刻交付优势。聚焦重复做同样款式的标准化产品，生产效率会更高，品质更有保障，成本更低。华盛可以这样做，还基于华盛按照品类战略打造了较强大的门店销售渠道，具备强大的专门性销售网络，比如，时尚门店、商务门店、传统门店等等，这样对库存的风险具有较强的抗压能力。同样的，姚总会在各种内部会议上强调，聚焦好卖的款式，把产品做到极致，这样既有产量又能保障品质。

五、"高品质"口碑标签，是用户流量的入口

雷军在很多场合不断地讲小米手机的高性价比，然后，小米团队信了雷总的性价比情怀，米粉也信了，米粉对小米手机的趋之若鹜，大多因为相信小米手机的性价比。而同样，同行业同类型最高档次的品质定位——华盛姚总的品质情怀也在影响着用户。华盛家具始终坚持"同行业同类型最高档次的品质定位"，渠道商与用户对华盛家具在心目中已贴上了"高品质"的标签。姚总一直追求的是"品质大营销"："高品质"标签=用户流量入口。用

户往往因品质而来，它成了用户流量的入口与销售的驱动力。同样的价格，首选华盛家具，即使华盛家具价格贵一点，还是选择华盛家具，为什么，因为"高品质"成了用户心智认同点，这即是口碑载道的力量。

4.6 品牌与产品如何人格化

给品牌与产品赋予一个鲜活的"人格"

从拟人的角度上来说，品牌与产品其实就是一个"我"，一个鲜活的"我"。而"我"到底是谁？——形象怎样、性格怎样、喜欢什么、爱好什么、主张什么、向往什么、有什么使命……

这一切都是可以描述与画像的。而这些画像因素以一个"人格化的载体"来承接，就是"人格化"。

◎ 将产品或品牌 "人格化"

在没有人格化之前，产品是静态的、冰冷的。而当品牌或产品"人格化"以后，产品则是有声音与温度的，是可以动态与人性对话的。

移动互联网时代，社交与链接，无处不在。人性化，人情化的链接，让社会变得更加温情。产品与服务的人格化，让资讯、社交、交易变得更轻松与"萌萌哒"，从而淡化了硬生生的"生意"味道，给人带来轻松与美的享受。

越来越多的商品，为了推广的个性化与人情化，都已在应用"人格化"手段。如可口可乐的昵称瓶推广，每一瓶都分别命名：文艺青年、白富美、高富帅、粉丝、纯爷们、氧气美女、表情帝、你的亲、吃货、天然呆、邻家女孩、吊丝、奇葩；美的电器向用户自称为"小美"；坚果第一品牌：三只

图4-11　可口可乐昵称瓶

松鼠，淘宝上的购物称"宝贝"；华旦时尚办公家具对用户自称"美旦旦"。产品或品牌"人格化"的美好形象往往会深深地在用户的心智中铭刻，增强品牌的柔性魅力，与用户的粘性。顾客往往会因为品牌的"人格魅力"而选择购买这个产品。这就是人格化的柔性作用。

爆品，由于其产品定位更聚焦，就更容易通过一个LOGO或通过一个卡通形象来表达产品所提供的价值主张。好比美团跑腿，那只奔跑的袋鼠就很容易表达快速跑腿的价值提供；通过人格化来对产品价值进行形象代言，更容易让价值打入用户的心智，并且又有人与人的亲和感，与记忆温度。产品经过人格化包装，与没有进行产品人格化包装的，其传播推广效率与效果确实具有很大的差距。因此，新爆品的打造，品牌与产品的人格化显得极其重要，这将一定程度上决定这个品牌是否具有人性化温度。

品牌与产品"人格化"手段

◎ 品牌与产品如何进行"人格化"？

——"LOGO人格化"和"卡通形象代言"是两个重要的手段，而且很多成功的企业，借助"LOGO人格化"，或卡通形象代言，让品牌与产品实现了"人格化"的传播。

一、"LOGO人格化"

近年电商行业"动物LOGO"争霸现象，确是一场企业、品牌和产品"人格化"之营销战。我们来看一下几个电商巨头动物LOGO的取意，详见表4-3。

表4-3 电商动物LOGO取意表

品牌	LOGO	取意
天猫		猫是性感而有品位的，天猫网购，代表的就是时尚、性感、潮流和品质；猫天生挑剔，挑剔品质，挑剔品牌，挑剔环境，这恰好就是天猫网购要全力打造的品质之目的。
京东		Joy寓意是一只能为大家带来快乐的金属狗，给客户带来轻松、省心、放心和快乐的购物体验。Joy成为京东的化身，代表京东坚持"客户为先"，努力提升用户体验。
百度		"熊掌"图标的想法来源于"猎人巡迹熊爪"，与创始人李彦宏的"分析搜索技术"非常相似，从而构成百度的搜索概念，也成为了百度的LOGO形象。
迅雷		蜂鸟翅膀的振动频率非常快，每秒钟在50次以上，蜂鸟也可以在空中悬停以及向左和向右飞，飞快的下载速度，强悍的下载能力以及能够随意选择自由下载的自由性，大概就是迅雷选择蜂鸟的原因。
途牛		途牛的企业标志是牛眼日月。牛代表途牛是旅游行业新模式的开拓者、坚忍不拔的推动者，牛眼日月代表全天候的便捷服务。
搜狐		狐狸都象征着机敏、灵活和聪慧。

动物做LOGO，是让LOGO自带品牌人格化。首先动物特性、技能、特长，迎合了企业精神气质或价值主张，凭着人对动物特性有直观的认知积累，就会让人对动物与品牌间产生通感及关联想象，可以很好地建立品质联想。动物最大的特点就是亲近力，让常见的动物和自己打交道，更能拉近距离，帮助企业更好地和消费者沟通。另外设计好一个动物LOGO就等于带来一只吉祥物，因为选定动物之后，可以建立一种真情实感的吉祥物来做活动和品牌代言，同时周边的延伸物料都可以节省很多人力推广，直接带来极大的隐形传播价值。

二、卡通形象代言

那么当LOGO本身不自带"人格化"时，卡通形象代言手段，则是一个好的方法。卡通形象的作用接近企业VI视觉系统。在营销中被应用得淋漓尽致，迪斯尼可爱的唐老鸭与米老鼠，美的空调的呆萌的北极熊……卡通形象推广，可以让新爆品传播获得了一些竞争优势，这些优势主要是卡通形象本身对用户的心理影响效果要比LOGO好。

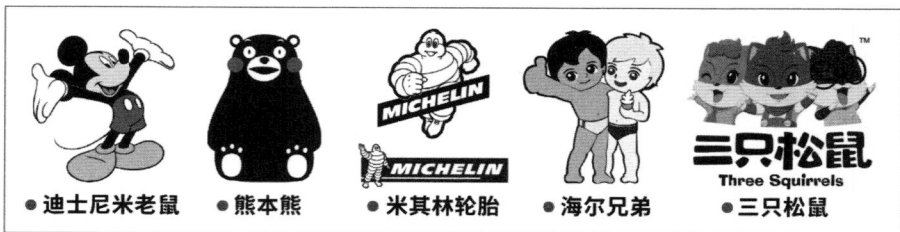

图4-12　成功的品牌卡通形象代言

LOGO 是静态、高度浓缩的符号，而卡通形象可以视为是一种人格化的LOGO，它对用户心智的影响不仅仅在于视觉层面，更在于其背后的人格设定：这个形象的性格，对某个事件的反应，或某种特点的反应，这种人格化的设定会在不同纬度上影响用户。

在互联网时代，LOGO已经越来越不能满足互联网社交传播需求，而卡通形象对于立体式的社交传播而言，不仅仅可以在平面视觉上，还可以在电视（视频）动画上得到生动的演绎，此时LOGO符号是不如卡通形象这种拥有人格化的视觉识别符号有优势的。简单点说，卡通形象实际上是一个代言人，可以进行各种演绎，这是LOGO所不具备的优势，在互联网时代，由于自媒体与新媒体的传播，通过卡通形象来实现产品与品牌的传播，这个优势被放大了。我们在很多时候，是因为跟卡通形象在互动从而记住了品牌与产品。

【教练作业】

请思考你司的产品或品牌如何进行"人格化"包装（并创意一个卡通形象）。

4.7　超级IP打造

品牌、产品、企业家皆可"超级IP化"

一个动漫、一个游戏、一部视剧、一本小说、一首歌曲、一幅画、一个造型、一个虚拟人物等等，都可以成为一个"IP"。

简单地说，一个已吸引到一定粉丝群体的有创意的内容，造成了一定的影响力，并因此而带来一定的商业价值或社会文明价值，这个创意就是IP。当品牌或产品的"人格化"被系统性地画像，包装策划成了这个文化创意形式，并运用到产品的营销中去，其实这个创意画像就成为了一个"超级IP"符号，这是一个赋予了营销功能的"符号"。它可以带来"吸粉效应"。

◎ **现时代的"超级IP"**

例如，"熊出没"里的熊大、熊二、光头强，可以为儿童玩具赋予产品人格化IP；互联网坚果品牌三只松鼠的"品牌人格化IP"；董明珠"让世界爱上中国造"的 "企业家人格化IP"；当代美女网红PAPI酱的"超级网红IP"等等，都在一定的领域里产生了特定的影响力或商业价值。见图4-13。

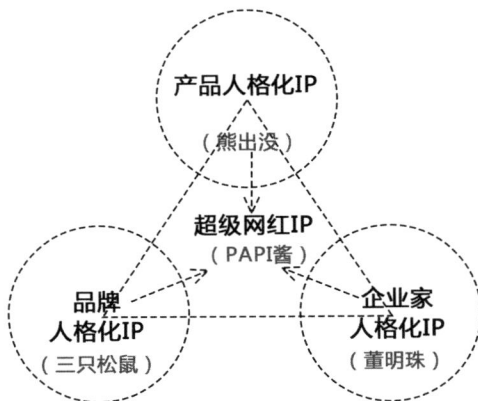

图4-13　产品、品牌、创始人都可以成为超级IP符号

最早的IP，是一个知识产权，被授权使用这个IP就可以创造商业价值，如迪斯尼米老鼠；互联网的空前繁荣，在各种互联网平台上崛起一批圈子红人：如大V、磨茹街红人、抖音代购达人、主播等这些红人可吸引流量，链接商业；而随着各种人事物皆可以轻易地与互联网中的"人"直接链接与影响，那么任何一个具有自带商业价值和传播势能的人事物，都可以具备人格化的标签，称作为"IP"。IP很明显必须满足以下几点，方能称之为IP：

·IP的内容价值与力量；

·自带的再传播的力量。

也就是说，要成为社交谈资（社交货币），当其势能超强，就越是超级IP，逻辑思维的罗胖，其本身就是一个被赋予社交属性的IP，因为逻辑思维很多观点已成为社交热议观点。

之所以称之为超级IP，那是因为此创意蕴藏着一定的文化内涵与文化外延、切中了粉丝内心深处的"情感共鸣"。当顾客内心遇上"情感共鸣"，那就是所谓的"同病相怜"经济效应就产生了。"超级IP"，因"爱乌"故"及屋"。对新爆品进行"人格化画像"并形成超级IP后，赋予新爆品的是"人品合一、情品相融"，新爆品，成了一个活生生的有情感、有思想、可以与消费者互动交流的"虚拟人物"。消费者出于对"人格画像"的关注、互动、亲睐，顺便认同与接受了新爆品。

与新爆品休戚相关的超级IP，有品牌的人格化超级IP，也有产品的人格化超IP，也有创始人或企业家的人格化超级IP。当市场被移动互联网冲击得支离破碎后，人格化IP越来越成为新的流量入口。当产品附上了人格化IP的个人魅力后，为引爆新爆品增强了极强的动力。

用人格化IP打造新爆品

人格化IP对于新爆品的打造具有以下几个作用：

（1）具有增强"亲和力"

在信息的海洋中，通过人格化的塑造让产品或品牌变得更有独特性，且带有人性的温情感，让用户更容易接近与接受产品。而品牌或产品本身已经人格化了，就可以通过一些让受众喜闻乐见的形式与内容来博得用户的喜爱，让产品达到吸粉的作用。

（2）具有更强的识别度

当品牌与产品有较鲜明的人格化IP后，那么，品牌与产品相较同类产品就有了更强的辨识度，让消费者更容易记忆或传播，方便建立口碑。

（3）更好建立互动

物与物，人与物，人与人，这三者间，人与人会更好地互动，因为人有思维与感情的优势。当人格化IP后，就可以让品牌与产品带着人的思维感情与用户沟通，营造一个更有思想感情的形象。如休闲坚果三只松鼠的"鼠小贼"的萌萌的形象、白酒品牌江小白的新青年形象、杜蕾斯的小杜超级"小机萌"形象等等，一个又一个活灵活现的形象植入在消费者的心中。消费者会因为这个形象切合自己的审美，觉得亲近、好玩而更欣赏。

（4）会起到"因人而物"的效果

京东刘强东，牵手奶茶妹，婚纱照、怀孕秀、土豪回乡秀等皆成为了互联网上的免费私属新闻直播；格力董明珠，10亿高调对赌雷军、高调进军手机领域并把格力手机的开屏设置为她的问候语，皆成为格力品牌免费的广告传播。人的一些活动往往会被受众联想到产品与品牌，好的人格化故事，有利于品牌的建设与产品的推广。

（5）具有"路人转粉"的作用

很多行业的发展都在搭IP的时尚与热潮。一切是因为人格化超级IP集有"内容价值、人格化价值、影响力价值、文化力价值、变现力价值"于一身，能影响到路人，把路人引导到这个IP的文化创意中来，这就是"聚粉"，由"聚粉"产生的购买或复购，这就是超级IP的"吸金"变现能力。

◎ **人格化IP表达的手法**

品牌或产品可以通过一些创意的文化表现形式来营销推广，例如，品牌通过卡通、漫画、故事、动画、游戏、影视等。例如，三只松鼠的卡通公仔形象、迪斯尼的动画形像、三个爸爸空气净化器的"好爸爸的情怀故事"形象，"中国李宁、中国骄傲"的故事形象、送礼就送脑白金的"孝顺"广告形象等等，都是很好的文化创意手法。

创始人或企业家的人格化IP打造，可以根据企业家个人的才华魅力来发散性地张扬表现。如演讲、论坛、峰会、新闻发布、观点发言或吐槽；也有通过私人生活、社会热点关联、企业家精神传递等事件炒作。当然，这些内容应该是正向的与正能量的。

移动互联网，为产品的人格化IP传播提供了更加丰富多彩的手段与形式。一个IP形象，一个IP情怀故事，一个IP符号，可以通过像抖音、秒拍、喜马拉雅等各种新媒体形式去表达与传播，快速实现IP的势能影响。

曾经就有一条信息刷爆朋友圈。

说的是湖南某企业的一名员工的女儿眼睛要手术，而她爸爸因为工作忙迟迟没有向公司请假，没有及早带女儿去做小手术。有一天，她向她爸爸的老板发了一条信息，信息是这样说的："叔叔您好！我叫嫣嫣，是宋XX的女儿，我的眼睛不好，明天要去做手术，我想让我的爸爸陪我一起去。可是爸爸说现在工作很忙。我一个月没有见爸爸了，想请您为我的爸爸放天假，我想爸爸陪我去医院，因为我怕，我好怕……"

这个老板，这样回了一条信息："嫣嫣小朋友，你的爸爸所从事的事业是为了祖国的花朵，当然更不能忽视了你这小花朵，我已安排好你爸爸今天回家陪你，同时发了一个小红包（祝嫣嫣手术成功，早日康复）。"随后这位老板截图在朋友圈内发了这条信息，加了一句:拼命工作，别忘了孩子！

根据这个截图显示，这个老板是湖南X朵生活用品有限公司的掌门人刘某某，我百度了一下：该公司的愿景是"致力于成为中国婴儿纸质卫生用品行业领导者，打造伟大民族品牌"。短短六年时间，员工由开创时的40多人倍增至800余人，企业资产从300万元倍增至近6亿元，以"X朵"为核心的多个自有品牌，成为电商渠道纸尿片单品类销量排行第一品牌，国产尿不湿大类前三名品牌。这条微信传递的是掌门人刘某某的关爱精神，有关爱，有信赖。也由此让他的产品打上了"呵护关爱小朋友"的工匠情怀。由企业家情怀IP，推动了产品的爆红。

构建"超级IP矩阵"

传统营销时代，靠的是品牌驱动、渠道驱动、产品驱动。而移动互联网时代，推广渠道，更表现为以"人"为据点去链接社交及人脉价值链，进而形成了社交渠道，人已成为渠道的核心，那些对"人的链接"能产生影响的因素，就是IP效应。

品牌不仅停留在这个产品的商标或商号的知名度与美誉度上。影响力因素已变得更加复杂，也就是说，品牌的影响力已因互联网的随机传播性而分散到了品牌名称、代言符号、企业家、产品等多方面的影响力，当这种影响力既具有内容价值又自带传播属性时，这些因素就成了企业的自有IP资源。所以我们可以这样来理解：企业的IP矩阵由三部分组成。见图4-14。

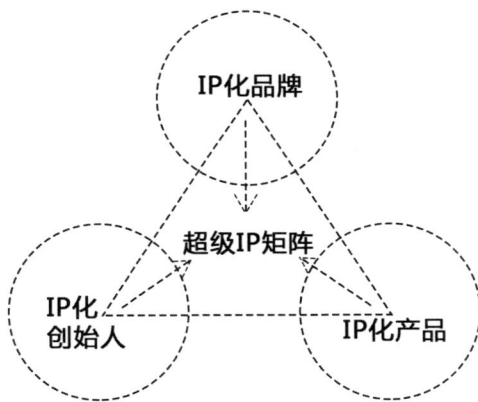

图4-14　超级IP矩阵方程图

（1）企业代言人（企业家老板、职业经理人）的IP化；

（2）品牌包装的IP化；

（3）产品的IP化，当然，IP化的产品还可以根据消费场景进一步细分场景IP产品线。

◎ "新爆品"的人格化IP打造

"新爆品"的人格化IP打造，要考虑几个方面：

（1）如何定位"人格化的IP形象"，即这个品牌形象要表达什么样的形象内涵与标签？是表达亚文化还是表达主流文化？

（2）以什么样的视觉形象、形式、内容来表现这个内涵，包括文字、画面、视频。

（3）现阶段以什么样的渠道去传播推广与占位，如产品包装、社群、朋友圈、自媒体、APP等等。

IP形象就包括了"品牌、人、产品"三个方面组成的矩阵。我们来看一下：江小白、巴奴火锅、三只松鼠的企业超级IP矩阵。见表4-4。

表4-4　企业超级IP矩阵

IP化品牌	IP化创始人	IP化产品
江小白 （青春情绪小酒） 江小白.	创始人陶石泉	场景化产品 情绪小酒 三五挚友 拾人饮
巴奴毛肚火锅 巴奴 毛肚火锅	创始人杜中兵	毛肚（超级大单品） 12道"配角产品"
三只松鼠 （互联网坚果第一品牌） 三只松鼠	创始人章燎原	坚果与零食矩阵

这些品牌依托互联网建立了自己的超级IP矩阵，为产品的引爆强势赋能。

【教练作业】

1. 请列举出5个产品的"超级IP矩阵"，填写下表：

	IP化品牌	IP化创始人	IP化产品
1			
2			
3			
4			
5			

2. 请规划你所经营的企业、品牌、产品的超级IP矩阵，并思考如何去打造这些IP。

掘金实战："小茗同学"的人格化超级IP

"小茗同学"是统一集团一款核心冷泡茶饮料，该产品以冷泡工艺，充分释放茶叶中的茶氨酸，使茶清爽甘甜，并以"认真搞笑，低调冷泡"为人格化品牌标榜，产品自推出市场，深受年轻人及女性消费者亲睐，在茶饮料市场持续畅销。

一、小茗同学IP画像

中文名：小茗同学

英文名：Classmate Xiaoming

出生地：妈妈的肚子

血型：就不告诉你……其实是X型

星座：肉做，哦不，是硬座

三围：不告诉你！你打我呀～你打我呀～

性别：绝对不能告诉你。告诉你就不是男子汉大丈夫了

性格特点：低调稳重……貌似和我没啥关系……

偶像：妈妈的儿子

特殊技能：可多了呢！随便讲个笑话碎你膝盖

口头禅：认真搞笑/呵呵~

经纪公司：统一集团

别人眼中的我：也是逗不过他

二、"小茗同学"品牌故事

小茗同学

总会发现，身边的90后，总会有一个同学。

他，看世界很开心。

纵有大事压顶，也会一笑就行。

有时间就逗人笑，没时间，就莫名其妙，来一场自嘲。

总之，没什么大不了，一切正面就好！

小茗同学，用冷泡工艺，萃取茶叶精华，

再没有苦涩茶味，只有清爽甘甜滋味。

只要身边有一个小茗同学，就再没苦恼。

他，释放冷笑话，调剂疲惫，轻松一会；

他，用鬼马的冷知识，调侃所有囧事！

小茗同学！在！随时给你冷冷的愉快。

三、小茗同学形象

大大的冬菇头，所以手无法摸到头顶。

图4-15　小茗同学人格化品牌形象包装

发顶有两棵形似"茶芽"的呆毛。眼睛总是露出贱笑，弯成腰果形。一直很认真地在搞笑，搞笑之后你会听见一句贱贱的"呵呵"。

四、小茗同学逗比史

上帝在创造小茗同学的时候，听说本来只想加一勺"逗比"，结果打了个喷嚏，哎呀妈呀！全倒进去了。成长期，别的男孩都在耍帅，小茗同学在耍"贱"。别人在认真学习，他在认真搞笑。同学老师嘴上说他："讨厌"，笑的倒是很诚实。

五、超级IP对精准用户的渗透传播

你若端着，我便无感，"95后"们如是说。"95后"需要更多有趣、开放、逗乐来与之互动，打发她们的快乐时光。小茗同学就是这样一款很懂"95后"的茶饮料。小茗同学在市场启动以及后续推广上，通过丰富的线上线下活动，强化对精准用户的渗透与传播与"学生党、年轻人和美少女"的亲密互动，很好地传播了"小茗同学"的超级IP势能。

（1）小茗同学，以一组搞笑海报开始启动在校园市场的宣传推广，同时在各大校园开展包装创意大赛，以及各种以"小茗同学"为主题的线下活动，吸引学生用户；

（2）小茗同学独家冠名大型明星校园体验式真人秀节目《我去上学啦》，深度植入产品与品牌形象；

（3）又以正在悸动年龄段的"95后"生活为聚焦，制作《小茗同学冷泡NEW上市》广告片，在东方卫视和爱奇艺等众多平台播送；

（4）鬼畜风微表情TVC上线同时，小茗同学和秒拍合作，召募受众模仿小茗同学的鬼畜表情和动作，上传到秒拍，和原TVC对应匹配，参与活动，一个小小的互动就让用户热情参与及高潮模仿。

（5）小茗同学与腾讯旗下的QQfamily合力推出"搞笑剧场32幕"系列漫画，并将漫画印在5亿瓶"小茗同学"瓶身上。当逗比青年"小茗"遇见卡通家族QQfamily，两大IP的碰撞吸引了更多的年轻用户；

（6）小茗同学还与QQ空间、天天P图、腾讯视频等多个腾讯产品进行创意内容深度合作，创新大量的表情包及搞笑视频，众多创意IP内容都在线上或线下活动中呈现，丰富了小茗同学超级IP的内容；

（7）小茗同学在新上市的漫画瓶中，同步推出"揭盖扫码赢红包"的互动活动。让小茗同学的超级人格化IP内容与用户形成零距互动与亲和。

4.8 产品的"极致"设计

精准定义产品的使用场景

产品追求极致设计，是基于"满足人们对美好生活的向往与追求"。产品是否达到极致设计，这只有在具体的产品使用场景下，才能检验出来，主要看产品是否解决了用户的首要痛点？产品是否符合用户的第一需求？这样才能发掘出满足用户需求的极致细节。

◎ **把众多的客户需求提炼成对应的场景**

每一个客户的需求皆来自于对应的应用场景，把众多的客户需求（客户对美好生活的需求），提炼成对应的场景，以场景去定义对应的产品细节，这个逻辑就是产品的极致逻辑。见图4-16。

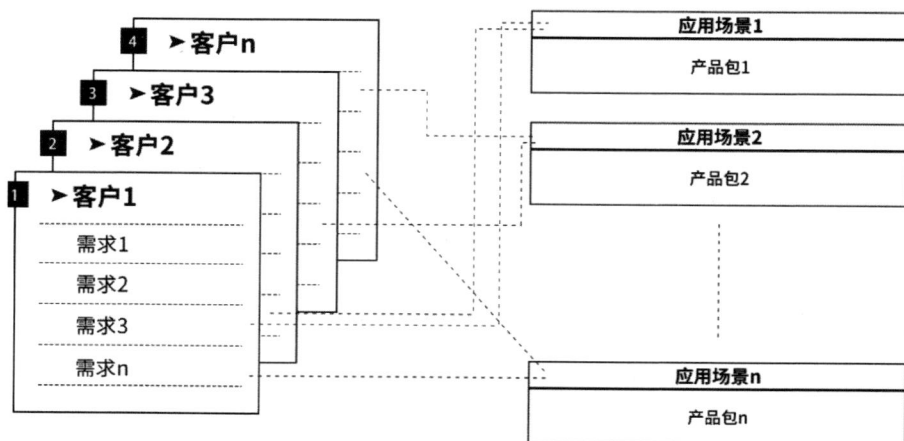

图4-16 产品极致：源自于不断满足人们对美好生活的需求

我们先从一款"入户门"的进化与极致设计案例，来谈谈"极致设计"

与"使用场景"的源点关系。见图4-17。

　　80年代，装有防蚊纱网的门，就是一款高级的门，而90年代，能防盗的门就是一款高级的门，到了后来，防盗并防火的门就是一款高级的门，再到现在，随着人们对美好生活的不断追求，不但要能防盗防火，还提出了更多的应用场景与需求，例如，隔音、通风、静音、环保、外观美；或者随着科技的发展，未来的入户门，还有人脸识别开门等。所有的这些使用场景，都将使产品越来越极致。正确的产品是用户说了算，要发现终端用户价值需求，必须与用户进行零距离的场景体验。

　　所以，要把产品做到极致，首先就要研究产品的使用场景，我们看表4-5中，一扇入户防盗、安全、静音门的应用场景及配置需求，从定义上看：它由一系列的应用场景需求组成，比如：防盗、防火、隔音、通风、阻尼性、静音等，而要做到这些场景是好的体验，就提出了相关的配置要求，比如，深夜开门，避免惊动已经休息的家人，这个应用场景，就对入户门提出了"静音"的设计要求，围绕"如何让入户门做到静音"就提出了相关的配置需求：加装静音门锁、缓冲门铰、缓冲门吸等。

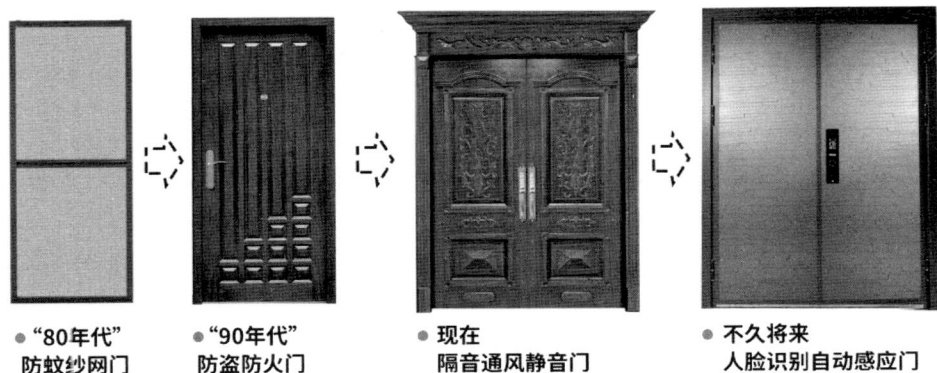

● "80年代"　　● "90年代"　　● 现在　　　　　● 不久将来
防蚊纱网门　　防盗防火门　　隔音通风静音门　　人脸识别自动感应门

图4-17　入户门的场景应用进化与产品的极致设计迭代

表4-5 入户防盗安全门应用场景及配置需求定义

入户防盗、安全、静音门的应用场景及配置需求定义			
产品大类	应用场景	功能需求	配置要求
入户防盗安全门	防盗	机械式（可复制开锁时间）/童锁功能	锁点：边锁？个、天地锁？下锁？
	锁具要求	电子智能锁（指纹/刷脸）	
	门框拆卸时间	门框与墙体，门框与门板之间结构牢固性与难拆卸性	
	门面穿破难		
	防火 阻燃时间	钢板	单层钢板/双层钢板+蜂窝纸/双层钢板+中间石棉
	隔离烟雾能力	密封性	
	隔音 降噪能力	使用木门间隔的个个相邻独立空间，一个空间有70分贝噪音时，通过本门另一个相邻空间降噪分贝	
	通风性 保证私密是夏日自然风进室内	在夏日到27-29度时，不用空调，将自然风进入室内对流，减少空调使用时间	双层钢板的门中央部分设置，可以在室内开窗，室外看不到室内网眼结构。从而可以将室外空气进入室内如何门与窗或阳台能对流，可以在室内形成穿堂风
	阻尼性 开门时提供助力关门时提供阻力	开门瞬间提供助力，方便推开门。关门过程增加阻力，防止门快速大力关上	铰链、液压式铰链、汽杆式、电动式
	静音 静音门锁，缓冲门绞缓冲门吸	开门锁要无安静，推开门要安静，门靠门吸要安静	静音门锁，缓冲门绞缓冲门吸
	外观 外观风格、表面处理		
	猫眼		

精准定义产品的底层价值

当我们用最简单的底层价值思维去考量产品的需求与用户价值时，新爆品的打造方向就变得更加清晰。

◎ 产品底层价值四纬度

一、解决核心痛点

产品的极致程度，取决于对产品痛点的解决程度。关于痛点，我在前面已谈得比较深入了，与产品本身休戚相关的"痛点"，主要集中在产品方面和产业方面的痛点。

（1）产品方面的痛点：指的是用户在使用产品时碰到的问题。如何找到产品级痛点，一些资深的产品经理，找到了一条很好的捷径：在淘宝或天猫、京东上看同类型产品的用户评价，这好比是免费的用户体验测试。所有用户的体验，好评差评，一目了然。可以汇总筛选，聚焦，找到差评最剧烈的痛点。如手机电池不耐用的问题是手机抱怨较多的问题。

（2）产业方面的痛点：也就是产业普遍存在的没有解决的重要问题，解决了产业痛点，就说明产业做出了"下一代"的产品，甚至是诞生了一个更伟大的产品。产业级的痛点之所以存在，一方面是由于技术的发展还满足不了问题的解决，另外一个方面是，一直以来这个问题都在行业中默认为大家都这样接受，就不去改变了，这就是产业痛点的舒适区。如一撕得拉链纸箱，在纸箱上设计一个拉链，一个拉撕的动作就可以轻松打开纸箱，然而在之前，纸箱一直用封箱胶粘，拆包装时需要剪刀等工具做很多复杂的动作才能打开。

我们说，产品是否极致，首先是需要戳中用户的痛点去定义用户新的需求，那么后续所有对产品打磨的努力，都将服务于痛点的解决方案，让用户体验到需求的满足。

二、回归核心功能

死抠极致，是一种工匠精神。

把一款产品打磨到极致，可以从多纬度着手。即或可以从外观、材料、工艺、设计、技术、包装等方面进行微创新与产品迭代，实现产品的质变、设变、微创新，来打磨产品的"极致体验"。基于解决用户的痛点、提升用户的体验感、增强产品的竞争力等三方面的要求，我们需要去弄清楚应该从哪个纬度投入更多的资源去打造。外观是解决颜值的问题，材料、工艺、技术是解决品质体验的问题，包装是解决感官体验的问题。正因为产品细节打磨的纬度很多，所以人们往往会在一些表现纬度或者非主要痛点需求的纬度去用力，这样，很容易让产品结果显现本末倒置。

然而，一个产品的体验感好不好，最主要的还是要把核心功能做到极致，这才是最重要的。市场上很多价格非常高的空气净化器，设置了很多看似高科技的功能按钮，让用户感觉技术高端，显示高价的感觉。然而，从本质上来讲，空气净化器的核心功能价值，就是能快速高效地净化空气。

三、直觉化设计，归位人性

儿童玩IPAD比大人玩得还溜。为什么一个没有任何认知，没有任何操作培训的孩子竟然会比有知识的父母更容易上手？那是因为IPAD的设计遵循了"直觉化设计"原则，也就是说，设计应该更多考虑傻瓜式设计，在没有说明书的情况下，用户能快速便捷地正确使用产品。就像小米生态链产品的设计团队，他们提倡干掉说明书，让用户用最自然的方式去使用产品。产品形成试样后，会进行盲测，在不提供任何说明书、不提供任何解说的情况下，由真实用户去体验产品，让测试者按照自已对产品自然而然的理解与掌握去使用。这样就会发现用户在没有任何提示的情况下可以发现多少功能，可以提出疑点，就可以进一步完善设计，精益求精细节。

当然直觉化设计，还包括表层体验细节方面，如：产品的颜值、工艺品质、质感等等直观感受。这也是回归"追求美，追求好"的人性。直觉体验："更简单，更方便"。人性抗拒复杂，崇尚简单。对于用户来说，用户的时间是一种无形的成本；能最简单地操作产品，获取用户所需要的产品价值，将可以更快满足用户的心理体验。

四、创新定义产品的"温度感"

对产品具体的材质技术要求，是硬性的，冰冷的指标。而真正用户对产品需求的感性与感知也是重要的，换句话说：用户是否喜欢显得更加重要，产品有打动人的"温度与温情"，就体现在用户感性上的美好生活，即是"更好体验，更好品质"。很多产品几十年都是一样的做法，没有人去打破"固化的惯例"，用户也只好忍受着。这些"被忍受"着的地方，就是需要去"做温度改善"的方面。

订做一套西装，可以把西装作结构拆分，分为衣领、衣袖、纽扣、腰身、肩托等等都可以多种风格版型供自由选择，随客户心意任意组合成一套西装。"红领西服"就是这样一套有温度感的西服品牌。

从同质冰冷到个性温度，但凡新爆品，皆应有温度。

温度感，好比对一个人的关心与体贴，只不过这个人是你的用户而已，温度感，是一个产品能够直接被体会得到的一种温情，而且是不需要教育与解释或广告才能理解的一种感知。例如，小米插线板，为了保护儿童安全，每个插孔都有独立安全门。儿童不懂什么是危险，一不小心就会将手指或金属物插入带电插孔。为防止此类危险的发生，小米插线板在每组插孔上配上独立安全门。精心调试，设计连动装置，当手指或金属物品垂直插入时，单孔需75牛顿（15斤）以上的力气才能打开安全门，而当插入普通插头时，则只需适当的力就可以打开安全门，丝毫不影响正常使用。这是任何家庭都能感受到的产品人性化的关怀温度。如何做到产品有温度感？就是要深入到产品的使用场景去感知用户的内心，再去实现用户内心的需求与期望，这也是为什么有些产品因为一个点击中了用户内心，就成功了！

掘金实战：一款电动螺丝刀的极致设计

2019年7月17日，一款由"小猴科技"全新定义与研发的米家电动螺丝刀（3.6V），在小米商城和小米之家众筹上线，不到8小时就已经完成了最初规划的3万套的目标，30小时就突破了600万的众筹金额。为何这样一款在以往对人们来说并不起眼的电动工具，却可以如此引发用户抢购？

——归功于这款电动螺丝刀的极致设计。

◎ 重新定义DIY生活工具

一直以来，电动工具都被视为生产工具，与机器装备维修等重器重活相提并论。并且工具行业向来是个粗放的行业，产品普遍同质化，不太关注产品的体验感和品质感。而普遍的家具用具DIY安装，大多仍是使用传统的工业安装维修用工具。随着人们在生活中对DIY安装有越来越多的场景需求，比如，自行安装小家具、玩具、电器、衣食住行等用器，那种传统安装维修用的工业工具显得笨重粗糙，不好看也不好用。特别是女性，生活中面对这般重器，显得无好感。

生活之DIY用途需求在呼喊一种能满足人们轻生活的轻工具，叫"DIY生活工具"，这种新爆品工具被"小猴科技"的团队发现，他们这样定义了新的生活工具：一种适合于家庭、办公生活场景使用的轻生活工具。从而让传统工具实现了以下四个转变：

（1）概念转变：从"放在储藏间的工具"转变到日常生活所需的"颜值巧具"；

（2）创造需求：满足大部分人的日常生活需求——人人可以拥有一套；

（3）颜值巧具：改变工具粗糙旧面貌，产品设计注重"高品质、美与融合"；

（4）工具角色：由以往的"工作助手，完成工作"（工作用具），转变为"享受工作，分享完成"（体验式道具）

据此定义，"小猴科技"的产品团队做了一个价值金字塔矩阵分析，这让"生活工具"拥有了全新的价值定位、场景锁定、用户定位。见图4-18。

（1）产品诞生的背景是：人们越来越注重生活品质，爱社交，爱动手，DIY安装是一种生活品质与情趣；

（2）产品使用的场景是：家庭、生活、办公场所等场合需要对一些小家具物件进行"螺丝拧"；

（3）产品的温度情感满足：享受工作，分享成果，高颜值的；

（4）从理性角度看产品：方便、好用、品质好；

（5）虚拟（渴望痒点）：有逼格的生活小能手；

（6）内心深层的需求：可分享的美学劳作。

图4-18　DIY生活工具价值金字塔矩阵分析

如此全新定义生活工具，"小猴科技"的创始人兼CEO刘力丹所说，"这让人有用这款工具去做一些DIY事情的强烈冲动，并因我有这套工具而去积极分享自己工作的成就感。"

围绕着对生活工具的全新定义，"小猴科技"的研发团队确认，他们将要做的这一款电动螺丝刀产品应该满足这几点标准：

（1）品质优质，甚至超越国际水准；

（2）聚焦为家庭用户、办公用户打造，要贴合家庭、办公常见的"螺丝拧"场景；

（3）操作简单，适合百姓、男女都能轻松使用；

（4）颜值上要焕然一新，做一款像科技产品一样的电动螺丝刀。

◎ 一款电动螺丝刀的极致设计

"小猴科技"通过市场调查发现，目前市场上的电动螺丝刀有几个主流规格：3.6V、12V、18V、20V。12V以上是针对专业人士设计的专业电动螺丝刀，功率较大，功能较繁复。而小猴电动螺丝刀定位是为家庭、办公日常使用而设计，就要考虑到与专业用途有区别。家庭用途一般工作量都较小，一

图4-19　电动螺丝刀

般集中在家具安装、各类电器的修理等方面；且家庭用户相对来说专业知识较少，安全性、易上手、简便式的操作便成为了设计体验中的要点。在考虑了以上几项因素后，"小猴工具"最终选择了3.6V这档规格，这也满足以下几点使用情景：

（1）动力可以满足家庭绝大多数拧螺丝的需求；

（2）功率不会过于强劲，女性用户也能轻松安全地使用；

（3）体型小巧，易于握持，方便收纳。

同时他们认真研究了市场上在售的同类型3.6V电动螺丝刀之后，发现了一些普遍存在一些问题：

（1）螺丝刀电池续航时间不够长久，有时一两件家具还没装完就没电了；

（2）批头材质不佳，咬合度不高，容易滑牙导致螺丝损伤；

（3）设计千篇一律，过于工业化，缺乏美感。

所以，他们的设计就要从解决这些问题做起。"小猴科技"研发的电动螺丝刀聚焦做好核心功能与直觉设计。

（1）电池：大容量、快速续航。它采用2000mAh大容量电池。

（2）批头：品质做到极致。工具行业普遍使用铬钒钢材料做批头，而米家电动螺丝刀（3.6V）提供12枚不同型号优质的S2钢批头。

（3）颜值：一体化无螺钉设计。米家电动螺丝刀（3.6V）放弃了传统电动螺丝刀的左右拼接结构，采用创新专利一体化设计，外观上无可见螺丝，极大地增加了产品的美感。

米家电动螺丝刀（3.6V）采用创新旋钮设计。三档换向旋钮，拨至左档L

处拧出螺丝，右档R 处拧入螺丝，中间空档圆圈处锁止，可单手便利操作。

考虑到螺丝刀批头精、密、小的特点，米家电动螺丝刀（3.6V）还提供精致收纳包和批头盒，便于用户携带及储藏，容易方便取用，不易丢失。同时，为更加广泛地应用于生活中的场景，提高用户使用便利性，米家电动螺丝刀搭配60mm附加延长杆，适用较狭窄或视野不佳的空间。

据悉，米家电动螺丝刀获得了2019德国iF设计大奖，被媒体评价为把工具做成了艺术品，消费者拿到手的第一反应也都是感叹"颜值特别高"，甚至说"这么好看总觉得不拧点螺丝都不好意思了"[1]。

产品即内容：塑造产品的"自传播力"

首先我们来分享一下黄海老师讲到的李宁案例，我在此改编引用此案例的目的是想表达：当把产品赋予了内容后，产品就具备自带传播属性，就会更容易在社交媒体上传播，更容易引爆。也就是说，产品的极致设计，也应当在"产品即内容"这个角度多加考量，让产品极致更出彩。

掘金案例：《中国李宁：把产品做成内容》

2018年2月，李宁公司参加了纽约时装周上的"中国日（China Day）——运动主题"走秀活动。此次走秀活动选取了56款服装去参加。为了让李宁品牌在纽约更容易被记住，他们把走秀系列定名为"中国李宁"（见图4-20）。产品是以上世纪八九十年代中国运动员的队服为元素来设计的，这让人联想到李宁夺冠的时刻。这些设计还把"中国李宁"这四个大字，都用繁体直接印在了衣服上，非常显眼。

没想到走秀照片一发布，国内各大社交媒体都被点燃了，大众对李宁空前关注。一下子就上了微博热搜，还出了十几篇微信阅读10万+的文章。很多

---

① 此案例结合小猴科技有限公司创始人、CEO刘力丹在"BDDForum 2019·北京"论坛的演讲整理改编。

图4-20　2018年纽约时装周走秀款

年轻用户自发地传播秀场图片，而且还有很多人问，这么潮的衣服在哪能买到呢？

热烈的用户反馈让公司意识到，这件事的影响力超出了他们的设想。那些给时装周生产的少量概念款很快就卖光了，他们立即把秀场产品调整为常规产品线，持续追加订单。结果是，热卖一直在持续，李宁干脆开辟了"中国李宁"这个新品牌，和原有的李宁主品牌分开，独立开店。

◎ "中国李宁"在年轻用户面前，重新定义了"李宁"

在"中国李宁"这个新品牌的落地过程中，收到了三个层面的正向反馈：

第一层，产品供不应求，产品价位从过去的200～300元，提升到500～1000元，毛利率和品牌溢价都提升了；

第二层，"中国李宁"进入了过去李宁打不进去的高端商场；

第三层，李宁梦寐以求的品牌升级，无意之中就完成了。跟李宁品牌联系在一起的不再是便宜、老气，取而代之的是潮流、年轻和时尚。

"中国李宁"的成功，让公司直接实现了品牌升级，焕然一新。2018年营业额首次突破了100亿。

我们深入来看，为什么李宁能因为一场走秀就成功逆袭呢？

第一，新用户。运动服饰成为年轻人的潮流，特别是男性用户标榜个性的利器。

第二，时尚潮流，"90后""00后"站在了时尚的潮流浪尖。

第三，李宁还撞上了"国潮崛起"。"中国李宁"还真不是谁都能用的。创始人李宁是奥运冠军、运动英雄，也是品牌最重要的无形资产，这恰恰匹配了国潮崛起的文化自信。

除此之外，还有最重要的一点是：在品牌上，李宁从打广告变成了用产品说话。李宁靠"中国李宁"这个新品牌在年轻用户面前，重新定义了一遍自己。

在"95后""00后"面前，李宁没有历史形象的包袱。他们可能压根不知道李宁是谁，也不知道十年前这是一个已经逐渐老化的品牌。年轻用户只知道李宁此时在网上火了，很潮、很酷，我就愿意买。他们也更愿意接受李宁最新塑造的高端定位。

跟用户最好的沟通方式，就是把品牌理念设计到产品中。当然也有人觉得，衣服上写着四个大字"中国李宁"，并不好看啊，为什么卖得这么好？因为它抓准了：产品本身就是内容。它凸显的其实是年轻人的态度，比如，"我支持中国品牌"，"我年轻"。今天的年轻用户，买的不仅仅是衣服本身，更是一个彰显自我个性的工具。

产品自带内容属性，这是当下消费的重要趋势，功能性需求越来越得到满足，新机会更多在精神层面，产品要能帮助用户完成身份认同。就更能激起用户对产品的"社交力"引发的关注。这类产品也更容易在社交媒体上流行。

产品自带内容属性是产品的一种"社交力基因"，就是产品的社交资本或说是社交货币。它可以是以产品为核心的仪式感（娱乐感）、用户的参与感（满足成就感）、自带热议属性或专属定制属性（炫耀感）。

由用户参与实现或迭代的产品，更能受到用户的认同与追棒；通过仪式感对产品或服务进行包装，往往可以让产品更能产生关注与热议，产生口碑效应；产品的专属定制，往往更容易表达产品的身份及产品的溢价。近年来，出现了很多"私属厨房""私人会所""量身定制""私属定制"等等，都是给产品加上一个附加的价值。无论参与感、仪式感、热议感、专属定制，都是给产品加上了"社交"属性。让产品不仅停留在"物理"的层面，还因社交属性而引发更多的口碑传播。"英雄传"火锅因"英雄驾到"的仪式而招来客朋满座。小米手机，100万粉丝参与而研发出来的产品。产品的创造离不开产品的附加属性的创造。

◎ 让产品自带传播力，让产品更吸睛

产品本是静态的，当对产品进行策划包装后，就可以赋予其"社交力"。我们熟悉的可口可乐，实际上，每罐可乐，其口味都是一样的。只不过，我们发现，出现了一些与"二次元"年轻态相匹配的包装罐图案设计，如对emoji表情包的应用，个性自嘲的罐装命名可口可乐语录。这无形中，产品的包装语录激发了消费者对其的自嘲与热议，并且会带来一定的娱乐与拍照发朋友圈传播。

产品是否赋予社交力？关键在于产品能否激起用户对产品及相关因素的情绪触发或兴趣关注。用户的"喜好、爱乐、满足、爽……"这种情绪可能会因为产品功能特点、外观设计、色彩搭配、包装设计上让产品本身自带光环。用户情绪一旦触发，就可能会发生炫耀与分享，这就是为什么"自带社交传播力"的产品，更容易"一夜走红"，因为它更容易被传播并二次传播而瞬间引爆。很显然，以下这些新爆品，在一定程度上都自带"社交传播力"，而这种社交传播力是可以结合产品的受众来策划，把产品的营销元素植入到产品当中，让产品自带营销力，让产品更吸睛。见表4-6。

表4-6　自带传播力的新爆品

新爆品	自带社交传播力
江小白	情绪表白瓶文案
可口可乐	文艺青年二次元瓶身命名
小茗同学	低调冷泡，青春搞笑生活主张
华旦时尚办公家具	时尚得让人情不自禁去炫耀
华为P30PRO	可以把"黑夜"拍成"白天"的效果
三只松鼠"约辣"辣条	社交代入感
麦逗智能排插	产品动物造型，时尚创意
A朵酒店	体验式酒店设计
星巴克	更有品味的休闲体验生活
中国李宁	中国李宁，中国骄傲

我们再来看一个看似很平常的产品，通过产品包装及文案的创新而让产品赋予自传播力的成功案例。

掘金案例:《"约辣" 辣条:一款强社交"代入感"的新爆品》

三只松鼠推出"约辣"系列调味面制品(辣条),是一款让人"想入非非型"消费情景带入感的产品,在年轻人的消费群体中,深受青睐。

一、该产品口味相对同类产品,有三个突出特点

(1)游"韧"有余:约辣所用的豆油,金黄透亮,健康营养。挑选的小麦粉,经细致研磨,韧性十足,大有嚼劲;

(2)绝代双"椒":约辣选择用辣椒王+山鹰椒混合辣料,吸取辣椒王过瘾辣味与+山鹰椒色泽红润的双重优势;

(3)辣椒辣度(单位:史高维尔)控制在辣得最"舒舌"的口感。

二、约辣的包装很有创意,极富"情绪带入感"

一盒有红、紫、橙、柠四种不同色彩的单个小包装,分别命名为约辣(约啦!):SEXY-红唇烈焰、COOL酣畅淋漓、HOT欲罢不能、MISS恋恋不忘,一个小包装一片面食。

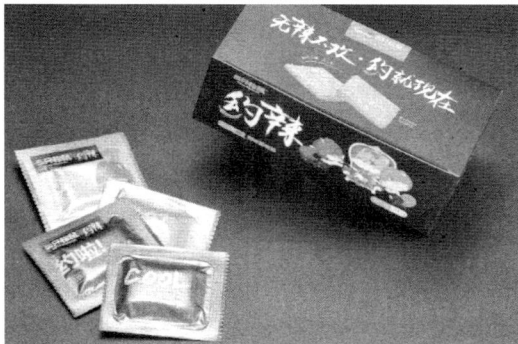

图4-21 约辣包装

三、再仔细看文案:要约,就约辣!

约辣有三好——

(1)随时开约,舌尖刺激,说来就来;

(2)不挑地方,打破沉闷,轻松暖场;

(3)亲民接地气,呼朋唤友一起来约。

这可以让人想像她所倡导的新时代的青春享受、自由自在的开放境地。这是一个"社交传播型"产品,符合很多年轻一簇约会中,无言的表白的道具,无形中,有一种带入感。这更可以因为包装的联想性,引起更多人转发朋友圈与口口传播。产品的营销化,就是把营销元素与营销精神融入产品中，这已得到体现。

【教练作业】

1. 结合你现有产品基础以及本章所述的产品极致手段，阐述如何让你的产品设计更加极致？

2. 请从下列纬度来分析你所经营产品的极致设计：

	分析纬度	产品的极致设计表现或改善提案
1	产品的使用场景	
2	产品的底层价值 （1）解决核心痛点 （2）回归核心功能 （3）直觉化设计 （4）产品的温度感	
3	产品的自传播力	
4	产品的高颜值	
5	超预期的用户体验	

4.9　打造产品的"视觉锤"

新爆品的视觉锤"冲击力"

生活中，我们经常会有这样的经历，就是我们第一眼看到某种产品的时候，甚至事先还没有切身使用这个产品，就可以感受到这个产品传递给我们的某种价值内涵或某种意义影射，从而大多会被这第一印象吸引或留下深刻印记。

例如，我们看到一群身穿醒目黄包上衣的美团外卖送餐小哥，黄包衣上及送餐箱上印着一个大大的美团LOGO标识：一只奔跑的小袋鼠，我们第一时间会联想到美团跑腿小哥送餐"奔跑的速度"——"送外卖，就要快"；一看到猎豹车的车辆造型，就马上感受到车跑的速度感，气势感；一看到"小罐茶"一小罐一小罐的金铂色精致包装罐，就可以感受到"一罐一泡，休闲自得"的精致惬意生活。而这些直觉，仅仅是凭一个LOGO识别符号、一个产品的自身造型、一个产品的独特包装，就能给到我们的"视觉冲击"而达到的感知。

◎ 新爆品的"视觉锤"效应

依劳拉·里斯《视觉锤——视觉时代的定位之道》的理论概念来说，这种效应叫"视觉锤"效应，就是说，用视觉冲击来强化产品价值在人们心智当中的印记。

劳拉·里斯提出：产品的"价值定位"是语言文字（如：怕上火就喝王老吉）的概念，这个语言文字是"钉子"，而将这颗钉子钉入消费者心智中的工具就是"视觉锤"（就是王老吉的红罐包装）。因为人们在大大小小超市货架，大大小小餐馆，长期以往被这只红色的罐子所重复地视觉冲击，最后人们只认这只红罐子，"红罐子=降火的凉茶"。

重复的视觉冲击，就是"锤"钉子的过程。然而，为什么人们会有这样的"视觉锤"效应呢？

劳拉认为人的左脑主要是负责处理文字与逻辑思维，而右脑主要负责处理感性与视觉形象。而任何所见都必须先经过右脑的视觉感应后，才传输到左脑进行理性及逻辑思维处理。而让一个品牌或产品快速植入消费者心智最直观的东西，就是适应于右脑的"视觉元素"，让"视觉元素"不断重复地把定位这颗"钉子"钉入用户心智。这也是为什么"加多宝"与"王老吉"会拼了老命也要让"红罐"之争进行到底：争"红罐"，争得是"怕上火喝XXX"的用户心智，因为消费者喝正宗凉茶，只认"红罐"。

关于"视觉锤"，有相关的专门理论，我们在此不再去阐述。我们从实操的角度来谈谈如何为产品打造一把强有力的"视觉锤"。产品的LOGO设计、产品的视觉色、产品本身的设计、产品的包装设计，都是植入视觉锤的好载体。见图4-22。

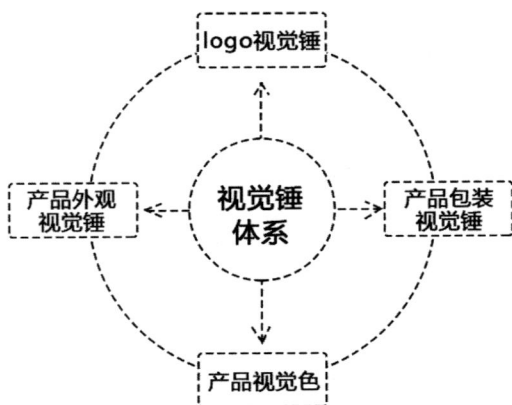

图4-22 爆品的视觉锤体系

LOGO视觉锤

图4-23 Aflac LOGO

图4-23是一家保险公司的LOGO，叫Aflac，起初没有人知道，后来他们在字母"Aflac"上面加了一个鸭子的视觉形象，很快，人们就记住了。

蚂蚁金服是一家旨在为世界带来普惠金融服务的科技企业，她以"为世界带来更多平等的机会"为使命，致力于通过科技创新能力，搭建一个开放、共享的信用体系和金融服务平台，为全球消费者和小微企业提供安全、便捷的普惠金融服务。

看到图4-24这只蚂蚁动物LOGO，大多数人会想到蚂蚁虽然渺小，但它们齐心协力，焕发出惊人的力量，并在追求目标的道路上具有"永不放弃"的坚韧毅力。再与其主营业务相联想，就很好理解了。——蚂蚁的价值抱负：从"小

图4-24 蚂蚁金服 LOGO

微"做起，它只对小微的世界感兴趣，它身上承载了太多小微的梦想，它喜欢与更多小伙伴们同行。这只小小的蚂蚁，焕发出惊人的力量，把蚂蚁金服"小微金融服务"的价值定位牢牢地钉在了人们的心智中。这种视

觉的效应主要取力于这个LOGO采用了动物蚂蚁的人格化特征"小微却力量"的暗语。

标准色视觉锤

眼见为实，最直接的感受往往有两点：

第一，"视觉造型"暗语：这个造型象征什么，有什么内涵？

第二，给到人们的颜色冲击是什么感受，也就是这个产品与其它产品相区别的颜色区隔。通过颜色也可以让"视觉锤"的效果更好。

图4-25 麦当劳的"金拱门"

1. 麦当劳

例如麦当劳，一个非常标志性的黄颜色的金拱门，这个金拱门就是非常强有力的"视觉锤"，人们一看到它就知道是麦当劳。

2. 梦之蓝

我们熟悉的洋河蓝色经典，其"视觉锤"效应取力于蓝色的产品包装色，让产品独具特色，我们很容易识别并记住它。

产品本身设计的"视觉锤"

有形的产品其本身往往就是最好的视觉锤，没有什么比产品本身更合适做视觉锤的了。

图4-26 梦之蓝的蓝色包装

149

1. 华为P30PRO

如最新流行的华为P30PRO智能手机，弧面边界、触摸界面、渐变色外壳，耳目一新，与众不同，产品本身就是它的视觉锤。

2. 洞洞鞋

洞洞鞋，这是世界上最"丑"的一双鞋子，有人曾嘲讽地说，"看到鞋子上那些小洞没？那是你尊严开始流失的地方。"然而正因为它的丑，才成就它的"火"。丑火了，就让丑陋蜕变为高级且时尚。因为它让人记忆最深，并且穿起来柔软、舒适、轻便、无痕。无须解释，一看便是它，所以全世界都在穿它。

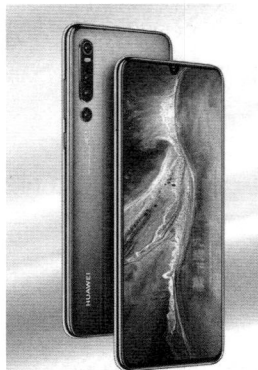

图4-27　华为手机外观

图4-28　洞洞鞋外观

产品包装的"视觉锤"

消费观念认为，茶主要是喝味道，包装其实不看重，传统的茶叶包装基本都是：散袋装、纸或塑料袋包装，瓷罐或铁罐装。散袋装茶叶不耐存储，易压碎；瓷罐铁罐装不便携带，而且茶叶易氧化、吸味、变质。传统茶叶包装一直是被人们默认的，包装方式没有走出"舒适区"。然而，小罐茶，抓住了消费升级的机会，重新定义了茶叶用户新体验，颠覆了这种传统认知。小罐茶定位为："一罐一泡，方便携带"。

◎ 小罐茶的包装"视觉锤"

针对这种定位（语言钉子），小罐茶在包装设计上打造了一把"视觉锤"。

小罐茶采用铝质小罐包装，铝质罐身及铝膜精致环保，外观香槟金色，磨砂质感，时尚现代，开创了"小罐装"茶叶的先河，这把"视觉锤"不断

以"小罐茶叶，小罐茶"的重复冲击，
让人记忆深刻，由此，小罐茶开创了一
个"一罐一泡" 小罐茶新爆品。小罐
茶的小罐包装，与用户的每一个关键触
点，都在研究用户的痛点，重新定义了
用户体验。

（1）关于小罐茶的"小罐存储"：
小罐茶一改传统，采用精美环保铝罐，

图4-29 小罐茶外观

小罐包装，出差旅行方便携带；并且罐内（个别品类茶除外）充氮保鲜，确
保茶叶不吸味、不氧化、不受潮、不破碎，提升了存储的质量。

（2）关于小罐茶的"小罐安全"：小罐包装采用食品级铝材、铝膜和
PE膜，环保健康；撕粘膜与罐体经过覆盖加温粘合处理，保证撕开时手感
顺滑。

（3）关于小罐茶的"小罐设计"：罐体独创设计，采用尊贵的香槟金
色，时尚现代。罐身独特表面处理，磨砂质感很上档次，送人显得尊贵，一
罐一泡，手不碰茶，方便卫生。

一个产品，无论是实体产品，还是互联网产品，都有与用户见面、互
动、被体验的过程。试想一个线下产品，被摆在商超的货架上，用户在扫瞄
货架搜索自己所需要的商品时，能否眼前一亮，这取决于产品的堆头效果、
产品包装、产品颜色、相关依附的宣传POP设计等是否耳目一新；当我们从
货架取下商品时，此时将感受到产品的包装效果、产品自身的造型设计、产
品的功能设计、产品的选材质感设计等等，当我们拿回家使用时，我们的每
一个使用动作，都是与商品产生直接的"关键触点"。每一次关键触点，都
是一次视觉锤强化的最好机会。而视觉锤，作为"战略价值定位"的延伸，
是必须求围绕"钉子语言"，并进一步让视觉锤的动作放到实际的用户体验
场景中去设计的。

【教练作业】

分别从品牌LOGO设计、产品的视觉色、产品本身的设计、产品的包装设计等角度对你司产品进行视觉锤设计。

4.10　构建"新爆品"的"种子用户"

种子用户及其价值

"高科技营销魔法之父"杰弗里摩尔在其《跨越鸿沟》一书中，阐述了高科技产品的生命周期理论，这个理论把高科技产品的生命周期划分为五个阶段：创新者（技术的狂热追随者）、早期采用者（有远见卓识的人）、早期大众（实用主义者）、后期大众（保守主义者）、落后者（怀疑主义者）。见图4-30。

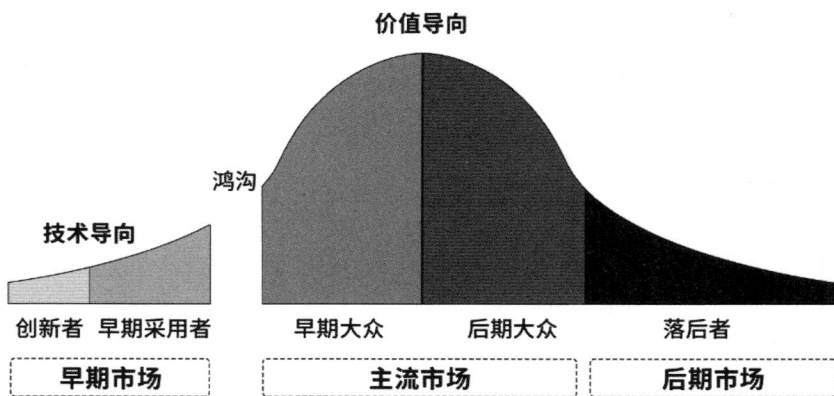

图4-30　高科技产品的生命周期理论

创新者与早期采用者构成了产品的早期市场，而早期大众与后期大众则构成了产品的主流市场，根据这个理论，早期市场与主流市场之间存在着一条巨大的鸿沟，意味着很多新生产品，在早期市场跨越到主流市场时将会遇到较大的困难，要跨越这条鸿沟，早期市场群体将要起到非常关键的作用。否则，就可能夭折在早期市场。

从《跨越鸿沟》的价值曲线分析看，创新者与早期采用者组成了早期市场，早期市场主要以技术在导向，我们拆细一点来看《跨越鸿沟》中"早期市场"的角色，明显有以下一些特点：

（1）关于创新者（技术的狂热追随者）

·他们对事物的真相有极大的兴趣。

·积极寻求解答相关的疑问。

·他们希望第一时间了解到新动向。

（2）早期采用者（有远见卓识的人）

·有远见者相信产品的美好未来。

·希望能够在一个时间期限内取得很好进展。

另外，主流市场中的早期大众（实用主义者）和后期大众（保守主义者），则是基于产品给用户提供了切身的价值利益所趋。没有价值利益则没有主流市场的形成。而相对来说，早期市场的创新者与早期采用者好比是一个产品的关键伯乐，没有关键伯乐群体的力量，就很难让产品跨越到主流市场。这个关键伯乐群体就是我们产品人常说的"种子用户"。

◎ **什么是种子用户**

大多数传统行业，产品推出的基本流程是市调、研发、打样、小批量生产、渠道招商，再广告推广活动，经销商在承担"销售与售后服务"，经销商是"产品推广"的第一资源，"用户"却被"隔离"在外，此时，对于生产企业来说，是没有用户的。而移动互联网时代的到来，"用户体验"决定产品的生存，企业正由"经营产品"转变到"经营用户"。

现实生活中，产品可分为三大类：硬件实体产品、软件应用产品、服务类产品。无论是哪个类别的产品，在诞生之初，那些"创新者与早期采用者"都是实现产品冷启动的关键种子用户。

种子用户就是在产品启动初期参与产品验证的用户，通过这些用户可以快速完成对产品的试验，并积极参与完善产品，使产品成型可推广。种子用户必须满足3个条件。见图4-31。

（1）是这个产品精准的目标用户，他对产品所要解决的痛点感受比一般用户的感受更强烈，甚至可能是某类产品的发烧友或痴迷者；

（2）敢于尝鲜，明知产品不完善，也愿意试用，宽容产品的不完美，并乐于建议改善；

（3）自愿积极对其他群体进行传播产品，扩大影响力。

痛点更强　　　**尝鲜不完美**　　　**乐于改善意见**

图4-31　种子用户的特征

比如三个爸爸空气净化器的最早期种子用户，就是三个关爱孩子空气质量的"偏执狂"爸爸，他们立志要做一款关爱孩子的静音空气净化器，然后再发展更多的家长参与，进而组织了对产品试验的"爱心检测团"，参与对产品的使用检测。这群种子用户在三个爸爸空气净化器前期的启动与造势上起到了非常关键的作用。

◎ **种子用户有何价值**

通过种子用户，可以更准确判断产品提供的价值所在、产品的市场前景，还可以获取产品的体验反馈，有助于产品的持续优化。

（1）产品的用户价值判断

通过种子用户的试验，可以判断出产品本身有没有用户价值、谁是你的目标用户、是不是真的有市场需求、产品的差异化定位在哪里；

（2）产品的市场前景判断

就是这个产品的用户需求潜力有多大、其成长空间有多大、获客成本有多大、怎么做才能更快速有效地得到推广。没有经过验证就大干快上的项目，屡屡遭败的案例很多，比如，顺丰推出的"嘿客"门店，没有经过充分验证就高速开店，结果，当开出成百上千家门店后才发现，商业模式实际上是不成立的。一个成功的产品，在经过种子期后，是有一个相对高峰的成长期与成熟期的，一个不成功的产品，其成长期或成熟期的用户活跃度一般都不会有多大的高潮。这一点其实是在种子期时，通过种子用户的试验是可以预判出来的。见图4-32。

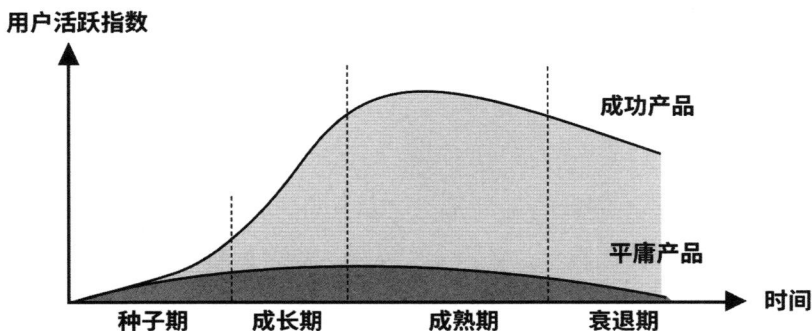

图4-32　产品的生命周期预判曲线

（3）获取产品的体验反馈

种子用户是首先体验产品的用户，种子用户对产品的体验与感受，将有多方面的价值。

其一，验证产品模式，对产品体验的反馈和对产品的判断，有利于产品的改良、优化与升级，有利于产品的迅速调整迭代，做出更能满足用户需求的产品；

其二，在产品的价值传播上，好的产品体验，可以分享给其他人，实际上起到"星星之火，可以燎原"的价值扩散的影响。

如何构建"种子用户"群体

马尔科姆·格拉德威尔在《引爆点》一书中提到，用户可以分为联系员、内行和推销员。联系员是人脉很广，擅长社交的人；内行就是专家、懂行的；推销员是有能力说服别人的人，这三类人的优势各异。在产品冷启动阶段，最需要"联系员"和"推销员"角色。联系员利用自己的人脉，可能只是在朋友圈转发，不费力气就能为你带来用户。如果能调动推销员的积极性，或者利益绑定，这类人也能起到很大的作用。而内行人，不是一个纯自然的体验者，他的建议与判断容易受专业性的影响，很容易让用户体验失真，如选用作为种子用户，则需要根据具体情况而定。

◎ **寻找"种子用户"**

如果是基于对产品的体验角度，种子用户应从"兴趣群体"来选择，就像小米手机MIUI系统，最早的种子试验田，是从各种博客论坛去发展手机发烧友（对手机软件系统有极大兴趣的人士）；而如果期望种子用户从传播与影响力角度来多做贡献的话，那么"种子用户"的选择，最好是意见领袖：如粉丝、社团长、教主、社群主、大V、社区领袖、行业领袖，甚至大咖、网红、明星等等。当然，种子用户应该首先对产品要正向引导，才有利于产品持续改良升级与优势传播，所以，对种子用户需要事先筛选，择优沉淀。

种子用户怎么找？常用有四种途径，见表4-7。

表4-7　如何找到"种子用户"

1	从最近的，最痛的人群找	精准定位产品的目标用户，在身边最近的范围内找到最精准人群，找到最认可与最需要的人
2	从同行、同类或相近的市场找	从微博上找，关注对手官方微博，采集对手微博下点赞、评论、转发的粉丝
3	邀请	通过公众号等媒体发出邀请码、邀请链接、邀请邮件
4	意见领袖	大V，特别是与产品效益相关的圈子内去寻找意见领袖

我有一个朋友最近正在做一个生鲜菜跑腿平台，服务内容非常聚焦，只做生鲜菜跑腿。对于这个平台的用户来说，有两端，一端是菜市场卖菜主；一端是家庭消费者。两者落到平台，才实现信息的对接。这两端的用户，都面临着"种子用户"的启动问题，在菜市场，他通过各种努力找到菜市场的管委会，让直径30公里的菜市场的管委会领导率先了解与认同并

参与体验这个平台，搞定一个领导等于搞定了整个菜市场商户入驻；而另一端，就是家庭用户，他首先从小区推广做起，通过线下活动找到小区社群妈咪圈，年轻妈妈习惯用手机软件，她们喜欢网上点单，省却线下逛菜市场的麻烦。

一个妈咪群主，影响着社区数十上百的家庭主妇。通过妈咪传妈咪，很快在整个社区都了解了这个平台。新爆品的前期启动，种子用户的定位、寻找与经营是需要战略性地考虑的。本书将用一章节来阐述种子用户，也是想让更多的创业者明白，种子用户经营的方法。让我们的新爆品在启动之初就可以得到更好的论证，与更强的势能传播。

掘金实战：小米是如何构建"100个种子用户"群体的？

种子用户，是种子期、最初的用户，是用户群体的"播种"。 种子用户的"参与感"至关重要，亲自参与到产品的设计研发、销售服务等每一个环节中去，一步步获取对产品的成就感、荣誉感，进而加深对产品的追崇，以至达到"粉丝"的作用。

◎ 小米手机如何构建种子用户？

小米手机，最初的用户也只是源自于MIUI系统，手机发烧友100人，这100人却是IT界的精英、微博大V、论坛坛主等，这100人还是对手机软件刷机有特别兴趣的人，通过这部分人的体验与参与，汇集了成百万到上千万条有关产品技术、营销推广等方面的信息反馈，进而对产品进行改良升级。期间，小米为最早参与测试的100个用户拍了个微电影《100个梦想的赞助商》，这个微电影在论坛、微博等各种新媒体形式传播，又影响到外围的粉丝。最终形成了：100人的核心MIUI开发团队，再发展到第二层是1000人的MIUI论坛荣誉开发组成员，再发展到100000人的MIUI论坛活跃用户，再面向60000000人的MIUI所有用户人群，进而使得小米手机在最初没有做任何电视或报纸广告的前提下迅速完成传播，甚至直接成就了几百亿的销售额。见图4-33。

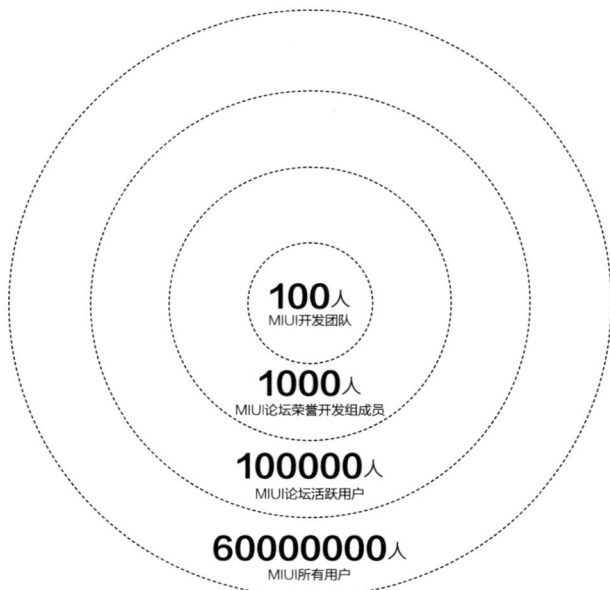

100人
MIUI开发团队

1000人
MIUI论坛荣誉开发组成员

100000人
MIUI论坛活跃用户

60000000人
MIUI所有用户

图4-33　小米种子用户引爆用户核反应堆

黎万强在《参与感》中很详细地阐述了小米手机最初是如何发展这100个种子用户的。自媒体公众号"运营大叔"在一篇推文《如何快速获取种子用户，引爆用户核反应堆》一文中（如下文，略删改），较精炼地总结了小米获取了100个种子用户遵循的五个步骤。见图4-34。

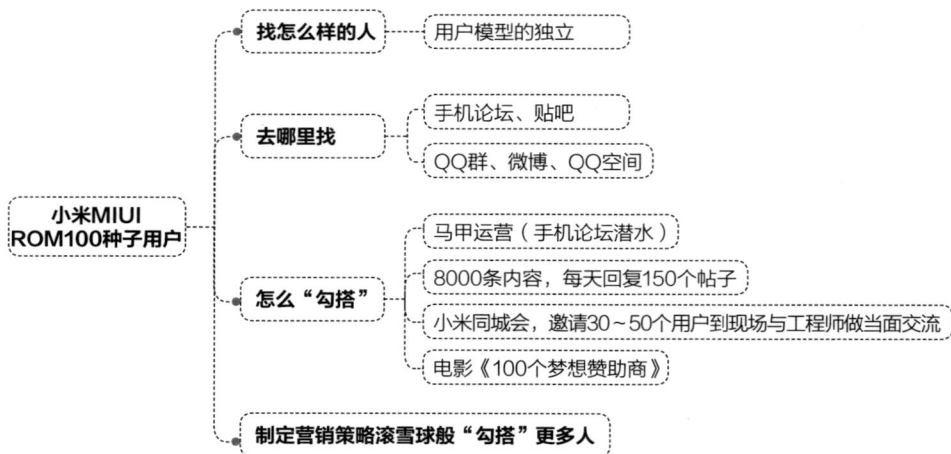

- **找怎么样的人** —— 用户模型的独立
- **去哪里找**
  - 手机论坛、贴吧
  - QQ群、微博、QQ空间
- 小米MIUI ROM100种子用户
- **怎么"勾搭"**
  - 马甲运营（手机论坛潜水）
  - 8000条内容，每天回复150个帖子
  - 小米同城会，邀请30~50个用户到现场与工程师做当面交流
  - 电影《100个梦想赞助商》
- **制定营销策略滚雪球般"勾搭"更多人**

图4-34　小米MIUI ROM种子用户启动路径模型

（1）弄清楚：目标用户是哪些人

要弄清楚目标用户是哪些人，就是要对用户进行画像，在开始寻找用户之前，就要建立临时的用户模型，用户模型指的是，你的产品是什么人用，在什么时候什么地方用，要清楚这些人的基本属性，比如年龄、职业、爱好以及与产品相关联的一些关键因素描述等等，每一个有效产品都可以根据自己产品定位建立自己的用户模型。以下是按照小米手机的用户画像建立的基本模型：

对象： 25-35岁之间
用户属性： 经济独立、事业的发展期、接受新事物能力强
场景： 家里、公司、公交车、地铁等很多
偏好： 手机的发烧友、对手机作为工具使用偏爱

图4-35　小米目标用户画像

（2）精准定位核心种子用户

所谓的目标用户并不等于都是产品的核心用户，第一批种子用户是在千千万万的目标用户中找到最核心的人。比如小米是做手机的，他要找的不是一般用手机的人，而是手机发烧友，不仅仅把手机当成通讯工具，而是很乐于研究手机里每一个应用程序的这样一个人。

（3）这些"骨灰级"的用户经常出没在哪里

手机发烧友，通常都是手机论坛的资深用户，当时为了找到核心的用户，黎万强带着研发团队，埋伏在手机论坛里不停地发帖回帖，以及潜伏到各种QQ群、QQ空间、微博等等比较大的社交平台里，去发掘种子用户。

（4）如何和这些资深用户产生关系，制定营销与传播策略

找到用户栖息地，小米联合创始人和整个产品的研发团队，通过不断和坛友互动，回答坛友的问题，发表关于小米的帖子，持续性地做互动，一个一个地把核心用户挖过来了。利用微博这个大平台，制造话题，炒热产

品，比如发布"转发微博，赢取小米手机或者精美礼品"等诱惑力极大的活动。

（5）成功经营用户，实现产品的影响力，完成产品的商业启动

从论坛、bbs、QQ群等平台挖掘用户，挖到了100个种子用户，这100个优质的种子用户，再通过对这100个梦想的赞助者炒作与传播，为小米带来源源不断的用户，一直到现在几个亿的用户。事实证明，优质的种子用户能够成为具有号召力的团队，为产品或者平台滚雪球般地带来用户。

掘金实战：华旦构建种子用户，实现"时尚办公"的市场启动？

关于种子用户的运营，几乎每一个互联网产品在早期都在努力做好这件事，因为这件事很重要。对于传统硬件产品同样面临着早期市场启动的问题，因为他同样需要从早期市场"跨越鸿沟"去到达主流市场。

这里我们以时尚办公家具这个新品类为例，来分享一下华旦是如果找到种子用户去启动一个新品类爆品的。

一、重新定义需求场景

在办公家具行业，"时尚办公"的概念最早是由华旦提出的，诚然也成了"时尚办公家具"品类的开创者。相对于传统的办公家具，这还是一个新物种。随着大众创业万众创新的兴起，很多新兴公司都希望能把办公空间打造得更加现代、轻松时尚。

2012年左右，互联网进入新的腾飞期，各种互联网轻公司如雨后春笋般成立，这些新兴创业公司更加注重解放员工、追求自由个性、让办公空间呈现一种时代感与生活化，让员工能感受到时代与科技，并与社会的前沿流行趋势相对接。所以，办公家具需要被打破沉闷，实现时代创新流行趋势。这就是互联网新时代所催生的新场景需求：时尚办公生活。据此华旦确定了产品的价值方向：引领更时尚的办公生活。

二、重新定义目标人群

图4-36　办公空间

传统的办公空间，就是像政府与国有企业一样的那种庄重严肃的，板板正正的办公空间布局与办公家具，来不得半点随意轻松与生活装点。办公空间、办公家具一直都认为是"认真工作、踏实做事"的地方。

而一个新的转折点就是，互联网的诞生，让企业与公司对办公空间的要求有了新的变化。互联网天生就是"链接、口碑、传播"的特性，对办公空间提出了不同的理解与要求，因为他们需要张扬自己公司的特点与个性，需求打造公司的软文化。基于各种企业、各种公司，各种领域定位不同，时尚现代办公空间的范围领域确也是非常地宽泛；如果一开始产品的目标人群定位过泛，就不利于产品的聚焦与市场的拓展。据此分析，华旦时尚办公家具，在初期就聚焦锁定在一个市场：做"CBD商务写字楼办公家具"，等到时尚办公进入到主流市场后，再对目标范围进行调整与定位的升级。

三、重新定义产品体验

产品的体验首先需要围绕着价值定位与目标市场来进行研发，华旦基于"引领更时尚的办公生活"的价值定位，以及聚焦"CBD商务写字楼办公家具"目标市场。无疑是在挑战一个开创性的新爆品，必须研发出与市面上不一样的办公家具：

（1）产品必须是时尚现代、高颜值；别致新颖、有创意；

（2）产品配色风格符合现代公司调性，符合时代感；

（3）产品的结构特点还需要满足互联网特性，对各种网络走线与网络接口、移动办公、与人互动交流等的使用便利；

（4）产品可以结合企业的个性化需求进行定制，让企业的办公空间有自己的个性文化。

（5）办公空间可以提升员工工作效率，可以为企业办公环境加分，为团队的活力加分。

四、种子用户定位与市场冷启动

华旦时尚办家具，在开创"时尚办公"品类之初，巧妙地导入"种子用户"思维，经过对目标用户的精准定位以后，在三个渠道找到自己的"种子用户"。见图4-37。

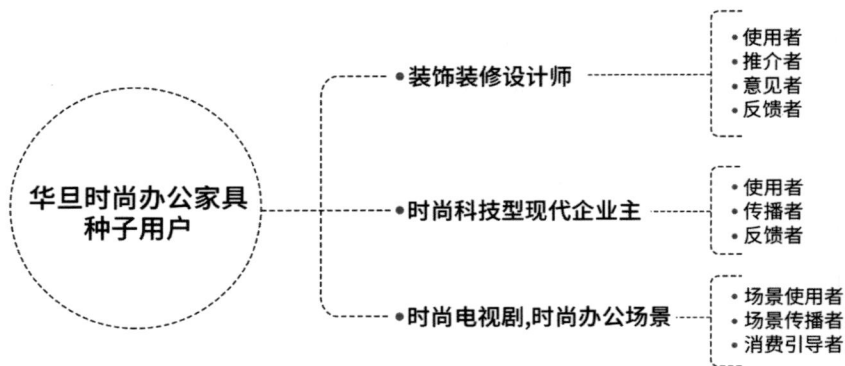

图4-37　华旦家具种子用户

（1）装饰装修设计师

这个群体是时尚办公家具的直接用户与间接用户，因为设计师是为企业设计办公空间装修的第一话语人，对用户购买具有影响作用；同时这个角色还具有推介、意见反馈的建议权；

（2）时尚现代型企业主

如时尚服装、时尚发艺与时尚科技企业等企业。这是产品的直接用户与体验者；这些公司本身就是提供时尚产品或服务的公司，他们对自身办公空间的时尚要求比一般的公司要求要更强。

（3）时尚电视剧剧情的时尚办公场景植入

电视剧里的时尚办公生活场景，采用华旦时尚办公家具，这是现代职场

的直接用户，这相当于有影响力、有传播势能的领袖种子用户，剧情对产品
场景的体验，是一个极好的传播案例与用户影响者。华旦在品类启动的初期，
先后有近10部热播时尚电视剧，如："最佳前男友""幸福归来""奇妙的时光
之旅""老男孩""南方有乔木""凉生，我们可不可以不忧伤""反恐特战
队"等，都采用了华旦时尚办公家具产品布置场景，这些电视剧场景对创业
公司的办公环境起到很强的趋势导向作用。

华旦在开启时尚办公家具新爆品的市场启动时，明确用户需求，明确用
户定位，明确产品体验，并从上述三个渠道来构建其"种子用户"群体：装
饰装修设计师影响了其下线用户，拓展了新爆品的市场影响力；时尚服装、
时尚发艺与时尚科技企业等时尚企业主，让他们身边的现代企业眼见为实，
受到了直接的影响；时尚电视剧剧情的时尚办公场景植入，让现代时尚办公
的时代审美得到了引导与传播，发挥了媒体引导作用。至此，"时尚办公"
品类得到了冷启动的源动力。华旦聚焦时尚的风格品类，打开了一个新品类
之窗，而最初又把市场聚焦于"CBD商务写字楼办公家具"，撕开了一个市
场渠道的口子，通过这些有效的种子用户的推广与影响，越来越多的现代企
业开始注重时尚的办公空间。经过这几年的发展，华旦时尚办公家具形象专
卖店开遍各大城市重点市场，开启了一个新的产品品类。引领了行业消费趋
势与时尚潮流。

通过上述两个例子，我们对构建"种子用户"的方法论模型来作个归纳
与总结，以期让更多新品类新爆品打造的前期能快速构建自己的种子用户群
体。见表4-8。

表4-8　构建种子用户步骤

六大步骤		动作分解
1	定义需求场景	1. 明确产品的痛点需求：产品能给予什么样的解决方案？可以解决什么痛点？ 　2. 明确产品的使用场景：产品在什么样的时间空间内使用，会发生什么样的场景故事？ 　3. 明确产品的价值提供：产品应该提供什么样的价值给到用户，需要非常明确。

续表

	六大步骤	动作分解
2	定义目标用户	目标用户指的是产品的精准需求者与使用者，不一定是粉丝。
3	定义产品体验	就是针对产品的价值主张，打造出产品的体验细节。
4	定义种子用户	通过分析找到：痛点强烈、乐于接受试验、积极传播的用户。
5	找到聚集地	种子用户在哪个领域里？在哪里活跃？在哪里产生影响？
6	建群搞活动	针对不同领域与渠道的种子用户，组建不同的群，开展不同的活动，来运营种子用户群。

【教练作业】

对你的产品进行新品类价值定位后，你打算如何启动你的种子用户计划。

PART 5

新爆品的
内容传播

在这个每一个人都可以自由发声的时代，人们分分秒秒都在生产信息，只是内容各异。在信息过剩时代，信息分享，常常出现几种现象：休克、分享或刷屏。

所谓的"休克"，就是你发出去的信息，出现在别人的手机上将是一个永远不被打开的红点。而所谓的刷屏，就是看完后就忍不住转发再分享。那么我们要问，怎么样才能不被"休克"？怎样做才会被"转发或刷屏"呢？这要从理解"头部关注点"这个概念说起。

5.1 内容的裂变式传播

围绕"价值传递"展开新爆品营销推广

这一章，让我们来谈谈新爆品的推广。

首先，我在此用刘润老师在《趋势红利》一书中提出的"企业成功能量模型"来类比分析，挖掘出新爆品成功打造过程中隐藏的规律与机会。见图5-1。

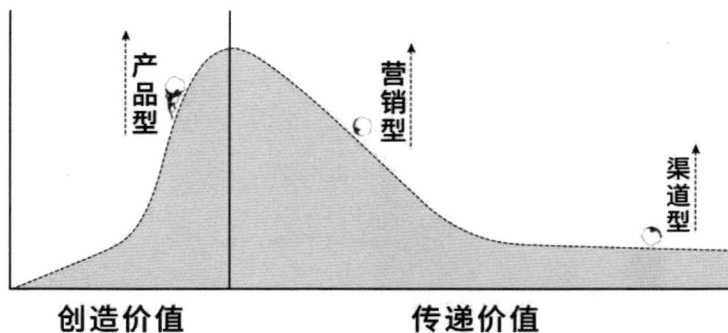

图5-1 企业成功能量模型理论

一个企业要实现产品从诞生、流通及到达用户体验，实际上经历三个主要的环节：产品创造、产品营销、渠道铺设。

"创造价值"阶段指的是产品的研发、创造与制成，打造的产品越极致，产品的势能就越高。一个追求极致的产品，就会具备相对较高的势能。

"传递价值"阶段指的是对产品的营销推广，以及销售渠道铺设。营销推广做得好，那么产品的势能转化成的动能就更强更持久。

销售渠道铺设做得好，那么产品与消费者的接触覆盖面就会加宽，好比"飞流直下三千尺"，所覆盖的用户就更多。

实际上，在前面的几篇章节中我们讲的主要是做出极致的好产品，也就是产品价值创造，然而，"酒香也怕巷子深"，产品再好，如果传递价值环节没有做好，也依然无法引爆产品。

◎ **新爆品的价值传递**

接下来的篇幅，我们结合互联网时代的社交传播特点，重点围绕新爆品的"价值传递"来谈谈新爆品的营销与渠道推广，主要包括三大块的内容：

- ·内容营销；内容传播
- ·粉丝营销：粉丝飞轮
- ·营运效率：效率赋能

"内容链接"传播时代的裂变式传播驱动

大众媒体传播时代，媒体说什么就是什么，一切消费是受大众传媒引导或主导。那个时代，传播是单向的发声，受众被动接受，也就是"你说我听"，受众或用户连回应的机会都没有，顶多是向身边的朋友提及一下这个产品好，还是不好。

◎ **因"内容链接式传播"被瞬间引爆**

移动时代的传播，特别是有了微信朋友圈、微信公众号后，每一个人、每一个群体、每一个企业或社会单位都已是一个媒体，可以自我为中心向世界发声。一个信息会通过社会关系网的链条，无限地被转发连接，病毒式传播，这种复杂的交织链接，就像一张信息流织成的网，覆盖面可以瞬间

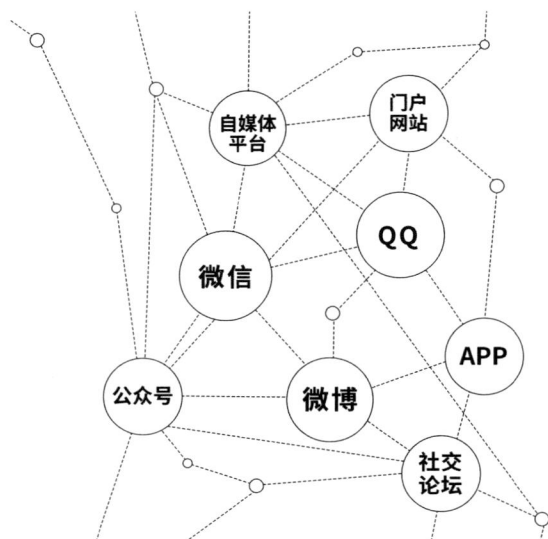

图5-2　社交"内容链接传播"网

达到不可思议的程度，这种传播可以很清晰地过滤出事实的焦点、关键与真相，这就是"内容链接式传播"。同样，一个好的产品，也可以因"内容链接传播"，被瞬间引爆，让用户体验到产品的好处。见图5-2。

移动互联网的本质是连接一切。互联网+、分享经济、粉丝参与、大数据等等，构建了移动互联网的任督二脉。微博、QQ、微信，还有众多讯息平台、社交平台、交易平台、共享平台，把世上人、事、物链接成了一张大的蜘蛛网。网上的每一个点上的人事物，都可以通过网络的传递，骤然扩散到每一个角落。这种扩散即是创造，也可以是毁灭，这取决于传播的内容创造。互联网的体量内，流动的是内容，只有内容才能实现信息传播、达成社交沟通与商业交易。要引爆新爆品，就需要创造好传播内容，创新好传播工具，规划好传播渠道。

◎ **产品好：一级传播；情绪共鸣：二级传播；人性弱点：N级传播**

与传统工业代时代不同的是，在互联网时代，"个人"越来越成为营销推广具体的"个体对象"与"分发渠道"，营销与渠道已越来越合二为一，你中有我，我中有你。见图5-3。

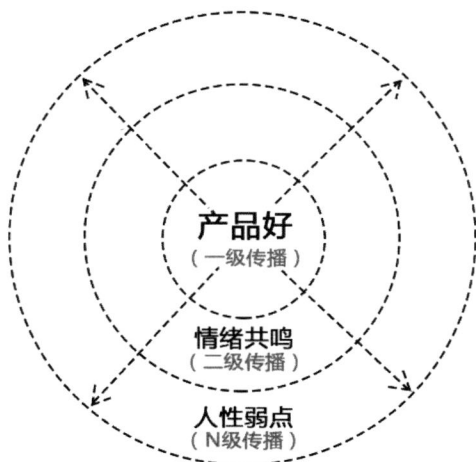

图5-3　内容的裂变式传播驱动

　　"产品好到忍不住发朋友圈"的产品，一定是一个好产品。我们平常观察到的朋友圈里，用户往往会乐意分享她体验到特别好的一个产品。然而，对于那些没有切身体验过这个好产品的人（用户所链接的朋友），她凭什么也会对此产品进行转发传播（二次传播）呢？

　　这就要靠产品本身或用户的情绪触发了其他受众的情绪共鸣。小米的产品营销负责人黎万强说，其实我们并不懂营销，我们只不过是把市场上卖4000元的手机，在微博上卖1999元。这种让用户尖叫的"产品性价比"是超预期的情绪触发，并且可以是连动式地再触发，这能不被疯狂传播吗？

　　当"足够好"的产品，遇上"足够猛"的社交传播，量子裂变式的引爆即成为事实。所以，小米靠一款新爆品手机起步，迅速引爆了一个庞大的互联网平台。当然，像小米这种案例，实属少数。

　　在现实生活中，一些自我标榜的新生代年轻人，他们会给自己创造诸如"剁手党""二次元""非主流"的标签，以此自我调侃并寻求认同，他们显得与"主流文化"格格不入，但却似乎一定程度上成为了新一轮的主流文化。

　　当然产品本身是否更加充分体现"人性"，或者说是否体现"人性的弱点"，将更是引发持续二级传播，甚至是三级传播。这里说的"人性弱点"

其实就是"产品的社交基因"：就是我们在产品创意上就融入了一些人性精神元素或人性营销元素。

5.2 头部内容：关注用户的个体价值

卖点诉求：从挖掘"产品卖点"找到"头部关注点"

"头部关注点"：是我们对所传播信息内容挖掘的首要目标，就是要找出这个产品中最能打动受众，最被受众关注的那个"点"。痛点、痒点、爽点，都可能成为"头部关注点"。"头部关注点"往往是从挖掘"产品优势"和挖掘"用户体验"这两方面考虑。

基于对产品企业品牌等相关的优势挖掘，来制造有价值的内容传播，这在传统工业时代的传播已被发挥得淋漓尽致，然而，在链接传播时代，传播内容依然离不开产品的具体优势卖点，因为"产品卖点"是用户体验的基础，也是用户体验的"信任状"。

◎ **"产品的卖点"是内容传播与"头部关注点"的信任状**

"产品的卖点"往往从以下几个方面来挖掘：

（1）外观、材质、工艺、技术、成份、功能、时间、地域、独特点与核心优势；

（2）企业实力、成功案例、资质认证、市占率、行业地位、专业权威；

（3）另外，用户对产品"信任状"的头部关注，与用户对产品的消费，所产生的"用户体验心理曲线"也有极大的关系：比如用户往往追求安全，避免风险，"跟风、从众、潮流"。那么，如果我们的产品内容能够围绕"打造独特优势，或专业地位、专业领域的领导地位，就有利于满足用户的心理体验，这种内容就可以成为倍受关注的"头部信息点"。

在特劳特《什么是战略》中提到，要让产品具有独特专业地位，可以通过以下几种方式来考虑。见表5-1。

表5-1　打造专业地位的方式

"专业地位"打造	案例
正宗传统	如王老吉凉茶传承王泽邦，创于清朝道光年间，已逾百年历史的凉茶配方
专家	劲霸男装，专注夹克30年
独特特性、神奇成份、高级制作	爆款面膜泥"御泥坊"、爆款精油阿芙、爆款保健酒劲酒
领导地位	排名第一、销售领先、技术领先、性能领先，如格力空调掌握核心科技；加多宝凉茶，全国销量遥遥领先。
主宰一个品类	康师傅红烧牛肉面，红烧牛肉面品类的代名词；锐澳鸡尾酒、黄太吉煎饼果子、阿芙精油、互联网坚果三只松鼠。

- 正宗传统凉茶　　· 劲霸夹克专家　　· 阿芙=精油　　· 格力空调掌握核心科技

图5-4　专业地位：主宰一个品类

情绪利益：从挖掘"用户体验"中找到头部关注点

无论是恐惧、痛点、爽点或痒点，这些内容，因为具备不同的情感与价值体验，自带传播分享的属性，而其中关键的头部内容更将引发社会性传播。

一、表达恐惧

应用"恐惧诉求"，告诉受众，不买这个内容，将受到什么损失，激起受众"立即知晓"的紧迫感。有一则最直观的广告语："不买就咬你，咬你，咬你（XX蚊香广告）"；"胃疼，胃酸，胃胀，用斯达舒"。

二、爽点

解决用户痛点，满足用户强需求，让用户觉得爽的内容；

（1）有用的；

（2）新、奇、特、热门的；

（3）趣事轶闻；

（4）萌萌哒；

（5）美图、美文、美视频；

（6）同病相怜的（共鸣的）；

（7）勾起回起的；

（8）与"我"有关的。

三、表达痛点或痒点的共鸣情绪：

（1）表达个人观点与情绪；

（2）秀自我；

（3）虚荣心表达；

（4）分享有用内容；

（5）分享快乐与痛苦；

（6）完成交易或回报。

◎ 头部内容，要关注每一个"个体"主角

社交媒体时代，个人视角尤为重要，因为每一个人都有自己的移动设备，以"个体"为发声源的，同时每一个信息受众，也都是从自身"个体"的角度来过滤内容的，符合"个体"的心智、情绪审美、利益机会或人性感知的内容，往往会首先得到受众的关注与深入关注。

传播内容在受到受众的关注，实际上是占用受众时间场景。占用受众的时间长短，是衡量这条信息对个体来说价值大小的标尺。受众在关注这条信息时，花费的时间是分期支付的。首先是，标题用2秒，标题有吸引力，才接着再花费时间打开文章正文，否则，连打开这条信息的机会都不会有，这就是内容的休克。

如果标题吸引了，受众就会打开信息链接，接着花约5秒时间快速游览每一章节的副标题及所配的图片。如果副标题的内容不足以有吸引力，则又直接关闭链接，当然也有可能花10秒时间选择感兴趣的章节，往下看。所以，要让受众真正把正文也从头到尾全部读完，就必须让标题、章节标题、正文内容、所配图片，都能抓住受众的心。

大众传媒时代，传播的是集体及群体的视角与利益。而社交传播，则是众多"个体"在关注"个体情绪"，此时，个人的欲望、需求、情感，摆在首要的关注点。我们来看几句撩拨性的传播标题（软文传播）就知道：《减肥非得这么辛苦？——小腿跑粗了怎么办？去夜店蹦不是更爽？——跑了就懂：耐克》；再看扰动人性与痛点的标题：《一生有近一半时间躺在床上，为什么不选择一张好床垫？》（床垫）、《你不会有第二次机会给别人留下第一印象》（海飞丝洗发水）、《姐妹们，说出你对长度的要求》（卫生巾）、《按捺不住，就快滚》（微软鼠标）。

关注个体的表达，才会被另一些个体所关注。而关注个体，最重要的是关注"用户体验感知"来表达，替用户说出其内心话，帮助用户撩动"内心"。哪怕是表达"产品优势"，也要从"用户体验内心"角度去帮产品说出其核心价值与主张。也就是说，新爆品优势卖点的挖掘必须从用户体验的角度来表述，从个体的真实感受来创造内容，否则只是"黄婆卖瓜，自吹自夸"，传播受阻。

【教练作业】

1. 找出你所经营的产品的核心卖点。

2. 找出你所经营的产品的用户体验核心点。

3. 从你所找出的卖点及用户体验核心点中，选择出最能体现关注"个体体验"的三点。

5.3　足够走心的内容工具

一篇走心的软文

前段时间有一部超级电影叫：《流浪地球》，这部影片在十几天内票房朝百亿紧逼，为什么会这样？

——看过的人都说好看：很正能量、很感动、很震撼。就这么一个简单的观众体验感，却在朋友圈内被热议与传播开了："没有看过的人赶紧去看吧！"，所以大家就趋之若鹜了。

对于《流浪地球》来说，无非是两个吸引点：一个英雄的故事，一个炫酷的场景外壳。这个故事讲述的是："人类为了生存希望，而紧密团结在一起，实行百代迁徙工程的恢弘世界观与团体牺牲精神"；这个场景就是：极具工业美感的科幻机械设计，以及行星牵引特效。这让《流浪地球》在精神内核上有了人类命运共同体思想，从而触发了观众正能量的情绪，并为之感动；而后者更是有不输给"身裹蓝色紧身衣外加红内裤"的超级英雄的视觉冲击力，这把观众带到非同一般的场景中去情绪浸染。显然，"故事+场景+情绪"：《流浪地球》让人走心了。

◎ 如何写好一篇走心的软文

同样，新爆品的传播，需要一篇让受众走心的文案，文案内容也必须符合这几个特点：

（1）走心的文案往往是讲述一个动人的故事；

（2）走心的文案往往善于把受众带入到一个特定的场景去与产品互动；

（3）走心的文案往往是为用户表达了一种共鸣的情绪。

一、产品，起源于一个故事

听故事，讲故事，是人类的天性，在狩猎时代，男人扛着猎物回来，与部落成员围着篝火讲述亲自猎杀的经历，经历故事的人倍受尊重。越多精彩故事的人，就越可能成为部落领袖，这是出于部落成员对这个故事的情怀崇拜的结果。同样，每一个产品都可以有一个源起的故事，这个故事讲得走心了，文案就成了，产品也被听众接受了，最后就很快乐地使用了。

新媒体时代，叙事方式也从"说教式"叙事，转变为了"口语化讲故事"。我们时常从标题上会看到一些文案的故事感《他举债1500万，然后在荒山上睡了一年睡袋》（一条主创）、《他花6年造一栋有型别墅，业界惊叹：这样的房子，100年也不过时）》（一条主创）、《王健林最想灭掉的这只老鼠，又躺赚2746亿》（金错刀主创）、《变态书生靠99元龙虾干翻哈尔滨餐厅，拿红杉资本2000万，还要干掉北京创业咖啡》（金错刀主创）。

产品因动人的故事而走心，因为故事里有情怀。"三个爸爸"空气净化器创业起源于创始人戴赛鹰渴望自己的宝宝有一台更安静的空气净化器，不会干扰孩子的睡眠；"名门静音门锁"的品类源起于创始人陈力，曾经加班晚归，开门惊动了熟睡的家人，而立志要做一种"静音的门锁"，让居家更清静；小罐茶的创始人杜国楹是一个茶的爱好者，平时出差也爱带点茶，但是传统茶的形态，不方便携带，所以就有了"方便携带，一罐一泡"的小罐茶。故事，故事，产品起初还是起源于一个故事，所以，文案首先要为产品讲好一个动人的故事。

二、把用户带到一个"故事场景"中聊平常事

讲大道理的文案，是一种说教式的文案传播，不会是一个有传播力的文案。好的文案，善于在文案中与用户促膝谈心，与用户一起谈论身边的平常事与平常心。

实际上，如果我们直接给用户生硬地讲一个有价值的产品解决方案，大多数用户底层情绪是抵抗的，因为他们会觉得，不必要在这上面花费更多的时间。而通过以场景中的故事为展开方式，实际上是与用户一起聊故事，这样，用户的底层情绪是积极、轻松与愉悦的。所以，文案的场景感越强，就

越有机会激起用户的情绪共鸣，形成阅读的粘性。我们说的聊平常事，就是与用户聊一些生活当中的所见所闻，很平平常常的话题，不深奥难懂，不给用户强加理解上的难度或需要更多理性分析与思考，平常平常，平平常常才是真。

三、文案要打动受众，让受众有点情绪激发

我们常听说的这篇文章太平谈，实际上说的不是文采要多么的好，而说的是文章对读者没有情绪调动。文案要调动用户的情绪，才会有持续读完或转发的动作。罗素的情绪环状模式告诉我们：高强度的情绪状况，会更能激起用户的关注或阅读后的难忘，比如高等强度的愉快（惊奇、兴奋、快乐）、不愉快的（恐惧、愤怒、紧张）等。见图5-5。

这张图可以给到我们很好的参照。我们可以在事先很明确地去设定，需要给到用户受众一种怎样冲击，以触发受众对产品故事的情绪反应。我们依然要在主标题的拟定上、在小节标题的归纳上，给以用户情绪的激发，才有持续阅读的开始。10W+软文，大多是因为引发了用户很强的情绪激

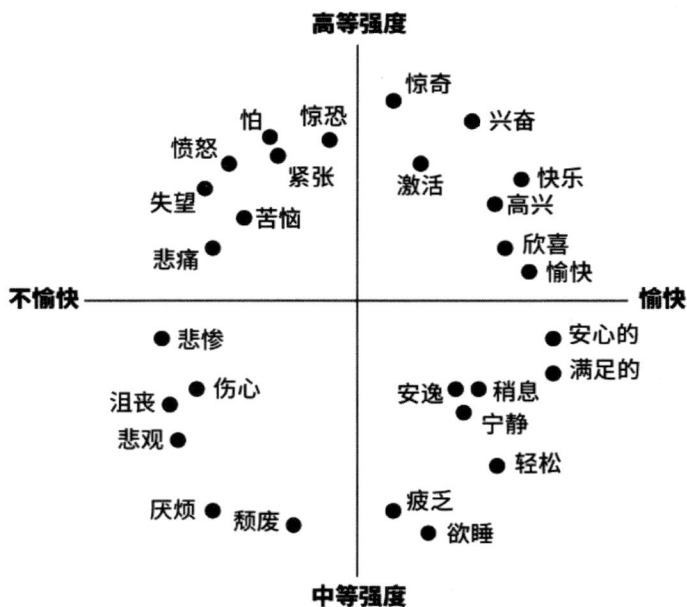

图5-5 罗素的情绪环状模式

发，才会疯狂地转发。新爆品文案，需要给用户情绪激发。我们来看几篇出自一条公众号的有强烈情绪引发的软文标题：《午后，只想睡你》（午睡更舒服的洞洞睡枕）、《吹爆这个超级面膜，烂脸竟能一夜回春》（一款面膜）、《头发不够，吃它补救》（植物精华丰发片）。这样的标题大大地吸引了受众的兴趣。文章要打动人，当然不仅仅靠标题，标题只是文章的浓缩，还需要在正文中做情绪激发的行文，至于正文的表述内容因不同的产品有不同。

【教练作业】

为你的产品写一篇具有故事感的软文。

一条自带传播力的短视频

◎ 新爆品，需要一条好的内容视频

一、内容视频更具传播优势

与音频、海报、软文不同，视频是一种集声音、画面、动态、文字、色彩于一体的表达形式。随着网络技术的发达，以及各种网络视频平台的兴起，视频越来越成为社交传播的主角，显现出巨大价值，内容视频相对软文图片等载体来说，更具传播优势：

（1）内容视频能更好地表达传播内容：不必太多语言，拍个视频就可清楚、快速地展示企业、品牌、产品的形象、创意与价值，使用内容视频还能提升产品自身形象；

（2）内容视频更容易链接用户，瞬间拉近用户距离：视频的动感场景让受众更感兴趣，更容易取得受众的关注与被受众记忆，视频更容易让受众信任并触及用户情感；

（3）内容视频具有更强的传播力：一条有价值粘性的视频，可以激发用户二次传播或N级传播，可以让内容价值触达更多目标受众，更容易被搜索引擎抓取，更能激发潜在用户的转化，或老客户回购。

二、传统专题片不适合社交传播

传统营销时代，一说到视频，就是传统的企业专题片，主要讲企业自身的方方面面：

（1）企业内部（企业形象、公司文化、员工培训、年会）；

（2）企业外部（媒体报道、领导人专访）；

（3）企业形象（成功案例视频、签约视频、客户评价）；

（4）产品类（产品制造过程、产品特征卖点、产品相关说明、安装调试）等等。

反正内容包罗万象且篇幅很长，大都是以企业自我为中心，自己说自己。这种类型的视频，是说明式的视频，这种直白的广告专题，社交传播属性不强。

三、视频内容的传播力

机械工业出版社2017年出版的《视频红利》一书中提到，视频是展示场景革命的最佳媒介，视频最能构建让消费者随时想起你的消费场景，增强用户的信任，并且可以将要传达的价值观植入其中。而怎样的视频能被人们自发地传播呢？——事实表明，视频内容通过“故事情节”“价值方案”“场景构建”的手法来表达，就更容易让人相互传播分享。

（1）故事情节型：视频表达的内容故事、主人情怀具有很强的情感打动与情绪升华。直白的广告宣传，受众往往会觉得无趣甚至讨厌，而通过一个故事情节来表达视频内容，往往就会更容易吸引观众的注意力，抓取眼球，甚至让人印象深刻。

（2）价值方案型：视频为用户提供了有价值的解决方案。通过一个视频来表达用户的痛点、爽点、痒点，并演示产品的使用过程、产品功能卖点，带给受众实质性价值。

（3）场景构建型：视频把用户带入到了一个具有故事感的消费场景，身临其境；通过构建产品的消费场景，展示实际生活中的使用场景，让受众感受到较强的生活代入感，告诉观众为什么购买。有的时候，一个购买理由，胜过天花乱坠的宣传。如电压力锅不但可以煲饭，还可以“煮、蒸、炒、炸”

等，"煮、蒸、炒、炸"的现场场景，就可以让人很强的体验感与信任感。

四、内容视频要弄清楚用户要什么

一条有价值的内容视频，需要有精准的内容定位，需要搞明白受众与用户以及传播的目的：

（1）搞明白内容视频的目标受众与针对用户是谁？用户有什么样的特征？搞清楚受众与用户，才能做好内容的精准定位；

（2）搞明白视频要达成怎样的传播目的：是用于提升品牌认知度，还是提升销量，还是新品的解说发布——搞清楚视频目的，才更能精准地策划所需表达的内容。

【教练作业】

为你的产品拍一部3~8分钟的微电影。

5.4 新爆品的自媒体传播

"人以群分"让自媒体传播产生"聚核裂变效应"

传统的市场，都几乎是约定俗成的"物以类聚"，什么意思？

例如，要去买日用品，就去百货大楼；要买服装，可以考虑服装市场；要买家用电器，可到电器商场。商品是按照大品类规律在形成"品类集散地"。在信息非常不对称的时代，以"物以类聚"形成大品类市场，更有信息指向性，让用户容易找到对应的市场。相同需求的人群就会约定俗成地去寻找"大品类市场"（集散地）——注意，是需求去找产品。而社交传播时代，我们突然发现了新的现象，如万达广场，一家集休闲购物餐饮娱乐一体化的SHOPPINGMALL里，书店、餐厅、服装、烟酒、超市、娱乐、家居等等各种不同品类的店同时出现在同一个商城。

在服饰专卖店的隔壁出现了一家"全屋定制家具"门店，而又旁边又出现了一家装饰公司。按传统的思维，我们会情不自禁地问：怎么家具家装搬到休闲广场来卖了？按照店主的说法，顾客吃喝玩乐后，顺便看看新房如何装修设计？家具如何定制？——这是产品主动去找需求人群，产品送到有需求的人面前，这是基于"人以群分"的原理。无论是线上还是线下，市场越来越以"人以群分"的原理在划分，市场的推广越来越关注与聚焦人的"群体"属性。

而自古以来，人以群分经历过很多阶段，最早的是以血缘与宗亲为纽带的"部落群体"；再后来就是以家庭与公司为单位的"生活与工作"群体；再到现在，一些兴趣志向相似，有某种共同需求、价值观的人聚集在一起，叫社群。有些共同人群，不一定要建立一个微信群才叫群，但却一定是在一个兴趣圈。如知乎对某一问题的讨论，就会牵出一大批对此问题有兴趣的人群，这一群人就一定在某种程度上有共同的精神需求。有共同精神需求的人，本来是一个个孤立的思维与信息个体，但就会因为某一个"信息"而触发情绪的强烈反应，表达、讨论、转发、传播等。"人以群分"的商业逻辑在于，"找到一个，就找到一窝；打动一个，就打动一群"。市场越来越"人以群分"，让新爆品可以通过自媒体裂变式传播，瞬间在这个群体扩散，形成聚核效应。

◎ 自媒体："信息孤体"之间的连接器

传统媒体指的是报纸、广播、电视、杂志、路牌等大众媒体。新媒体指的是相较传统媒体而言的新兴媒体：包括最早期的门户网站、论坛、博客，再到微博、QQ、微信、网络社群、二维码等社交媒介。随着移动互联网技术的发展，图文、语音、视频、直播、VR互动等更丰富了新媒体的内容与形式的应用。

自媒体指的是，每一个人都可以自有的个人发声的媒体平台。当今社会是一个"人人可以生产内容"的社会，人人都可参与主张，人人都可发声，人人都可以分享，人人都可以受到他人的关注。相对于传统媒体，自媒体传播是去中心化的，它消除了传统门户媒体单一发声的短板，让过去的"信息不对称、渠道不透明"等被瞬间打破。

实际上，新媒体大多指的是自媒体。在这个传播越来越"自媒化"，时间越来越"碎片化"的时代，生活、工作、社交已日益交织在一起，社交化媒体，让传播得到了势能的扩散，生活化媒体，基于日常生活内容，融入了商业交易。而"碎片化"的时间付出模式，时间成了一种稀缺的社交货币，谁能占有用户更多的时间，谁就将拥有更多的回报，哪怕是用户的关注、互动、反馈，而不仅仅是成交与购买。一切的自媒体，都是个体与个体之间的连接器。新爆品的内容传播与分发，自媒体是最主要的形式。

"微信系"自媒体的内容分发

随着社交传媒的发展，各大平台也都在抢占"自媒体"这块大江山，为什么？因为自媒体，是通过自发生产内容，自发上传，自行分发传播，这对于平台来说是"流量器"。可以为平台带来强大的内容与流量。先来看个例子。

◎ **超级蓝血月的智慧蹭热度**

以有趣好玩的形式蹭社会热度，近年各行各业都非常活跃。2018年2月1日。152年一遇的超级蓝血月全食上演。见图5-6。汽车、手机、互联网、电商、日用品等各行业的大品牌都不约而同地抓住机

（买蓝月亮，上苏宁易购）　蓝月亮，今晚月色真美

图5-6　蓝月亮广告

会，智慧蹭热宣传品牌与产品。而"蓝月亮洗手液"更不甘示弱。我们节选它两个蹭热广告来举例欣赏。

我们知道，人们在接受一个自媒体内容时往往是三个动作：点击、浏览/阅读、收藏或转发。为什么点击？是因为文案标题有吸引力；为什么会浏览/阅读，内容提供了读者所需的价值需求；为什么收藏或转发？是因为触动了读者的情绪与共鸣。

所以"自媒体内容"，无论是文章、图片、音频、视频，只要符合上述三点，就会有较好的"自分发"效果。

在这里，对于新爆品的传播，我们暂不谈砸钱打广告，做流量，我们重点关注内容在自媒体上的"自分发"。所谓的自分发，就是因为内容的自带传播属性被自媒体的受众主动点击、浏览/阅读、收藏或转发。这个传播逻辑，发挥到极致，就是裂变式传播或圈层引爆。

◎ **玩转社交传播生态圈**

我们生活在一个无型的社交传播生态圈中，无论你有没有直接去感受与在意，我们每一个健康的个体都已融入这个生态圈中。在这个生态圈中，我们每一个人都在享受信息丛林中的空气、水源、景观以及这个生态的风云变幻。朋友圈、微信公众平台、营销型网站，在这个生态圈中，充当着不同的角色，连接着社会传播的错综复杂的生态链。在此，先重点说说"微信系"自媒体：朋友圈、看一看、微信公众平台。

一、**"微信系"自媒体：朋友圈、看一看、微信公众平台**

时不时刷一下朋友圈，让自已不会成为这个世界的孤岛，就好比人们时不时要喝口水，补充身体养份。新爆品，要链接世界，朋友圈是第一窗口，能得到朋友圈点赞与自传播的产品，将首先被引爆。朋友圈的自传播，是一种价值分享模式。对于有价值的内容链接，首先会受到关注。信息被一个个的"个体"所交织分享后，就是一张甚大的传播网，覆盖着我们的生活人脉圈。

而与"朋友圈"内容关联的微信另外一个新功能，就是"看一看"内容热看功能。这个功能是对所有在朋友圈内转发分享过的超链接内容，包括：

用户特别关注的一些优质公众号软文；好友阅读过的原创优质内容；整个微信平台上所抓取的优质内容链接，这好比是"微信头条"的雏形。了解了朋友圈的特性，以及"朋友圈热文（看一看）"的属性，我们就可以更加明白，对于新爆品传播内容链接，应该如何借力"朋友圈"以及"看一看"的"自链接"功能来实现二次传播甚至N级传播。

"朋友圈""看一看"朋友圈热文的功能主要还在于信息的分发与链接传播。而微信公众平台，实际上有三层价值体现：生成内容链接、内容链接源发平台、实现"内容"与人的连接。这些内容链接，在连接的链条里，内容已转化成了数字语言或者二维码语言。这些链接可以与QQ、微博、搜索引擎网址、二维码等众多媒体平台兼容识别。这使得内容链接可以实现跨平台链接与传播。

当我们在"微信公众平台"上发布企业或品牌的内容链接时，"微信公众平台"已经成为了企业与品牌的发声喉舌，将体现企业的观点，与企业品牌形象。如果把人们对朋友圈的体验比作对"水"的体验，那么对"微信公众平台"的体验就是像对山川河流与景观欣赏，或又像闪电、打雷、冰雹、地震，让人关注与引发情绪震动。

二、内容原则：专业、价值、热点、好玩

这所指"微信公众平台"上自传播内容的可读价值：内容有血有肉，能够给到用户"有用""有料""有趣"。那么具体怎样的内容会更容易被朋友圈分享转发呢？

（1）有独到的专业性

每个新爆品都有自己的专业定位，而这种专业，相对于普通受众来说，见解更独到，让受众好奇惊呼："原来是这样的呀"。就如一些知名网红博主，通过对一些美妆护肤品的切身体验心得，通过视频、文章、段子等与粉丝分享内容，同时对美妆专业知识有深度了解，那么受众就会感觉她充分掌握用户的需求，能够解决用户痛点，很权威，所以就可以获得大量的关注并转发分享。

（2）有内容价值

内容可以带给用户一些好处，解决一些问题，受益一些知识，得到一些帮助，获取一定利益，这些都是价值，有时，一条内容链接，人们读完后会悄悄珍藏，或者转发给亲近的圈子学习与分享，深怕不给自己圈内或亲近的人阅读是一种损失，这就是内容的价值。

（3）有成功案例

对成功内幕的神秘探索，是人们渴望成功，对成功经验的好奇。公众号内流传的一些成功案例，往往能激起受众的斗志热情更容易被传播。人们往往用于借鉴于自己的经历与做法。对新爆品的成功做法与情怀IP，不但能让受众情绪激发，并且能提升新爆品自身的形象。

（4）抓头条热点

被疯传的事件，就是热点。蹭热点，就是借势。因新爆品与某一个热点蹭上了，同样让人记忆很深。说到蹭热点，杜蕾斯可谓是最高手了，每当有社会热点出现，都基本有杜蕾斯的"蹭热营销"，而且杜蕾斯的每一篇内容链接，都将创意与热点结合得天衣无缝，表达出很强的产品属性植入与品牌形象植入，创意大开脑洞却非常亲民。奔驰车漏油事件发生后，杜蕾斯马上蹭热推出"任你油门踩到底，绝对不会漏一滴"；2018年世界杯期间，法国与克罗地亚的决战，是最值得期待的一场，杜蕾斯时刻关注决赛进程，赛前推出"法克大战，舍我骑谁"。抓头条、发现热点，途径很多，通常可以在微博热搜、百度风云榜、各大论坛等去寻找，结合新爆品的属性，搭乘热点话题，更能引发用户激烈讨论，从而分享到朋友圈。

（5）有趣好玩

不好玩的内容传播不起来。在网络社交活泼的时代，硬梆梆的内容一定不会受欢迎，而如果由一个很有意思的话题引出来的内容，大家会觉得很好玩，就会有兴趣继续关注，或者转发给自己的朋友，甚至病毒式传播。此时，品牌与产品可以植入到这个内容当中，消费者自然而然地接受了。

有时，一件好玩的小事，就可以引爆社交网络。曾经有人针对"男人用电动剃须刀性感，还是用手动剃须刀更性感？"为好玩的话题。策划一系列内容链接，围绕"性感剃须"为话题点，最后导入产品。这让众多男女由话题而热议，顺其自然地宣传了剃须刀产品的卖点与情感点。而如果只是机械地介绍产品卖点，至少大部分人会认为是一个广告，避而远之。更不可能期望女生朋友会主动去关注一个男性产品了。好玩，有趣，让人在轻松愉悦当中接受了产品的信息。

自媒体关键词："搜索爬虫"的美食

说到自媒体传播，我们习惯于理解成：公众号文章主动性地把产品内容链接分发或推送到用户或受众的面前，完成连接分享转发，而往往极少考虑到还有对应的另一面，那就是，大部分用户还会在明确精准需求哪类产品或相关内容时，将主动到网络里去搜寻这个产品和这个内容。用户搜寻某一种产品或内容时，大多是在搜索器内输入用户自己心目中认可的品类关键词，然后搜索引擎按照用户指定的关键词在互联网内全城搜寻。

全城搜索的过程，好比是"搜索引擎"派出天罗地网的"搜索爬虫"去抓捕食物一样，指名抓捕。那么，如果你输入要抓捕的"指名"不对，"搜索爬虫"将空手而归（搜索不到）。

我们经常读到的一些文章、视频、语音、图片等，但是这对于互联网的识别来说，它是数字链接，而作为这种"内容链接"在网络云中存留量越多，或者内容传播越活跃，那么，这个内容被"搜索爬虫"搜寻出来就越快越容易。然而，在内容传播过程中，内容链接里的相关"关键词指名"与用户搜索指名（用户认知指名）是否一致非常关键，如果指名一致，用户所搜寻的就是产品内容链接的，否则，就找不到你所传播的内容与标的（产品）。

举个例子：

塑木作为一种替代木材的新材料，是以植物纤维为主原料，与塑料合成的一种新型复合材料，同时具备植物纤维和塑料的优点，适用范围广泛，主要应用于建筑结构材料和园林设计等领域。

然而，塑木，是一种行业内的专业术语。对于老百姓（用户）来说，塑木是很生辟的种类，不懂或没听说过，他们心目中只有第一直观感觉，就是："户外木"。所以他们要寻找这个品类或相关的内容时，就会输入"户外木"来查询与阅读。特别是作为自媒体的个体，大部分人还不是内行人，都会用"户外用的木"来理解。

那么这个时候，作为产品推广的相关文章链接，就需要考虑"户外木"关键词的植入了。从而让产品及相关内容链接能够被用户找到。因为，自媒体中的你我他大多数不是"行业人，他们是"更社交化，更生活化"的个体。

◎ **"自媒体关键词"定位逻辑**

人们知道，在自媒体的传播内容中，关键词的设定将有关利于产品或相关内容被"搜索爬虫"搜捕得到。那么，我们如何去设定产品内容的关键词呢？

——接下来我们以投影仪为例来梳理一下"自媒体关键词"定位逻辑。

表5-2　自媒体关键词定位

产品/服务	用途/应用领域	产品特性
投影仪	教学用	高清
放映机	家用	便携
幻灯机	会议	低价
电影机	培训	二手
	办公	小型

从表5-2可以看出，假设用户是一般的老百姓，我需求寻找投影仪及相关的内容，那么：

（1）我需要告诉"搜索爬虫"怎么称呼这种产品，有多少种称呼，最直接常用的称呼是什么（除投影仪外，他们还称：放映机、幻灯机、电影机等）；

（2）我又会想，我想让"搜索爬虫"按照我的用途去帮我抓取产品及相关内容，那么我就要告诉"搜索爬虫"我用这种产品来做什么？用在哪里？（所以就有：教学用、家用、培训用、会议用、办公用等）；另外，为了能够找到一款按照我所想要的产品指定明确特性的投影，我又要告诉"搜索爬虫"具体的产品特性（高清的、便携式、价格低一点的、二手的、小型的），可别找错了。

当然这个例子，我们把搜索关键词拆得比较细，这只是为了说明一个逻辑与方法论。而如果真正在自媒体传播实践中，我们需要根据实际需要来拆解产品的品类关键词。主要集中在"产品的品类命名"上，对产品的品类命名进行有效拆解，植入到各种文章内容链接中（特别是文章的标题，需要对品类的关键词作技巧性的应用），这样产品内容被用户找到的机率就大很多。产品关键词（用户心智词），不但在我们自媒体内容上需要考虑科学，在产品的营销型网站更是要详细规划，因为产品的官网，每天都会被"搜索爬虫"抓取无数遍，越抓越活跃，这种品类称呼自然就在互联网云中生根发芽，生机勃勃。在自媒体的生态里，爆品如何更容易被用户指名找得到，这在爆品传播时，要有科学"关键词"设定。特别是对于一些电商类产品，关键词的设定与推广，要更符合用户搜索习惯，才更容易让用户搜索到。

【教练作业】

1. 为你的产品创作一条蹭热点的海报。
2. 规划你产品的"自媒体搜索关键词"。

5.5 新爆品的粉丝"飞轮效应"

圈养互动：产品型社群

基于对某个事物特别热爱的个体或群体，被称之为粉丝。对小米手机、苹果手机的热崇者，也就成了"米粉、果粉"。在这个可以满足"个性化追崇"的时代，粉丝是新爆品最大的资产。建立"产品型社群"，通过社群互动，来圈养粉丝，沉淀用户，这是让新爆品实现"社交裂变"的一个好方法。

◎ 打造"产品型社群"

社群，就是将一群有"某一共同的价值认可""兴趣爱好"或"某个共同的需求"的人，通过一个方式聚集到一个线上虚拟社区或线下社团，由此实现价值传递或商业文明的群体。链接传播时代，产品往往不再只是物理功能物了，而是承载着"痛点属性、社交属性、情感趣味属性，甚至是社交传播属性等等。企业利用"产品价值"去链接用户、圈养粉丝，进而形成以"产品价值"为核心的"产品型社群"。

通俗地说，"产品型社群"是因为对某一产品有共同的需求或价值共鸣，而聚集在一起的群体。接下来我们来谈谈如何建立一个有效的产品社群。见图5-7。

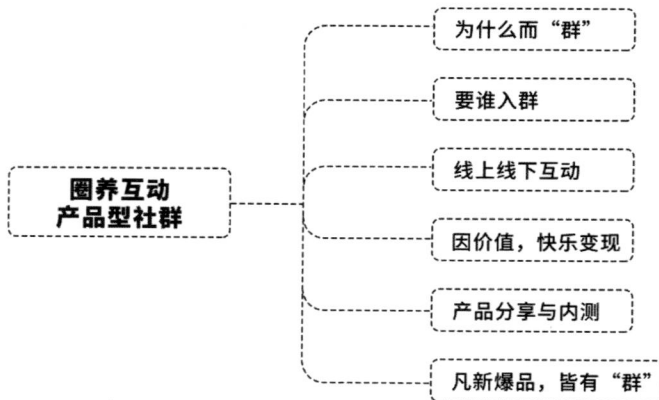

圈养互动
产品型社群

- 为什么而"群"
- 要谁入群
- 线上线下互动
- 因价值，快乐变现
- 产品分享与内测
- 凡新爆品，皆有"群"

图5-7 如何建立一个有效的产品社群

（1）弄清楚为什么而"群"

一切以"卖产品"为直接出发点的社群，都不会被人喜欢。那么什么样的社群才会受人喜欢呢？聚集在一起的成员，大多因为有一个共同的强需求，如小米手机"米粉群"，为"智能手机发烧"而生；"逻辑思维"为高质量的知识分享而生；华旦时尚办公家具"为时尚办公"而生；"十点读书"是基于对知识学习的价值定位，这样，社群不但不会让人生厌，反而让人追捧。而正因这个社群在潜移默化中为群成员创造了价值，这个社群才有生命力。

（2）弄清楚要谁入群

社群成员，越精准越好，对于新爆品来说，符合新爆品细分领域目标人群定位的，精准的社群成员，越多越好。比如，对于"无钢圈内衣"，所对应的产品型社群，其成员应该是女性，特别是18～40岁的知识青年女性；"益智玩具"对应的产品型社群应该是"妈咪群"或"育儿交流群"；"有机大米蔬菜"对应的社群成员，应该是"社区业主群"。什么产品对应什么样社群成员，什么样定位的社群应该聚集什么样价值需求的成员，越匹配，越能创造价值与可持续经营。所谓的"一千个铁杆粉丝就可以养家糊口的时代"，指的就是精准的社群成员的作用。

（3）组织线上线下互动

在产品型社群里，能很明显地体现出群内成员对产品的"个性化、细分化"需求。群成员的购物特征是：购物时间碎片化、购物需求突发性、购物消费受场景化感染。正因为这些特征，才让社群变得那么美丽：起于社交，粘于互动，终于成交。内容为王的自媒体时代，对于产品型社群来说，一切内容都是产品，在社群内传播的内容，就是影响群成员的产品内容，无论是直接的还是间接的，都将为群内成员构建场景体验，或由此而互动强链接；而在产品社群内，所有的关系都是传播渠道，群内成员源于对某种兴趣和价值观相聚，往往会因为群内某内容触及了内心的共鸣，而引发粉丝成员在朋友圈内的分享与传播，而这种传播与口碑载道，将进一步笼络新粉成员。

另外，基于在群内的某一次或多次互动而越走越近，继而通过社群的线下进一步互动体验，从线上认识交流到线下具体的活动，所有的环节都将归结为产品的体验，并达成成员之间的强链接。小米手机通过小米社群，聚集成百上千万社群成员，而在线下，小米也通过实体店、同城会、各种米粉节、米粉分享会等形式来发布新品，分享体验、现场促销等。线上的互动是一场虚拟的社交，虽然依靠群内互动可以收集资讯，改良产品，或可实现商业变现，但如果没有线下的体验，将失去很多话语权或真实场景的权威性。对于新爆品来说，形成新爆品社群，需要线上线下相结合，从而实现"线上社群做内容，线下社群做成交"的强链接成效。

（4）进行产品分享与内测

"产品用得好，请告诉你的朋友，产品用得不好，请及时告诉，我会立即改进"。一个活跃的产品型社群，为产品带来受益是多方面的。通过社群成员对产品亲身体验，实现朋友圈传播，二次圈粉；通过社群粉丝对产品的积极互动参与，可以实现产品即时迭代，趋于极致。

（5）因价值，快乐变现

基于新爆品"聚焦窄众人群与强需求人群"的特征。"产品型社群"自然为新爆品的引爆提供了优质的"人群土壤"。对于一个产品型社群来说，产品只是社交的"入口"，而"为价值而群"才是商业模式，只有能成功变现的产品社群，才是有效的社群。对于新爆品社群来说，变现能力越强，新爆品将越火爆。

在产品型社群中，社群成员在互动中，实现了参与感、价值创造感、满足了某种需求或痛点解决。对于新爆品本身，也从研发、推广、经营等各环节得到了群策群力，同时取得了不同模式的"商业变现"。孩子听"凯叔讲故事"大大受益，而凯叔同声故事图书，也随每个故事讲完后，销售爆增了。人们因对三个爸爸对孩子健康关爱的爱心精神的敬仰，而购买了三个爸爸空气净化器。可见，产品型社群的消费行为与一般的销售购买的区别是：这种消费是"主动情愿与快乐"的，更是有情感或情怀感染的。

一个开放的产品型社群，将把产品研发、生产制造、销售经营、推广服务等全面开放给社群粉丝的。社群成员就好比是产品的主人，可以在群内对产品、服务等自由地提建议和意见，甚至可以是吐槽。这些源自于粉丝自身体验感受的"建议或吐槽"将是产品持续升级最宝贵的资讯。

（6）凡新爆品，皆有"群"

产品型社群，其实是一个商业社群。是一个基于线上自媒体为载体，通过以新爆品价值定位的"内容传播"为引流，通过聚群，并实现粉丝互动与用户沉淀，最后通过新爆品满足社群成员价值期许来实现商业变现的一种模式。产品型社群的线上载体形式有很多，通常为微信公众号、微博、论坛、QQ、帖吧、自媒体账号、微信群、APP、垂直社交网络平台、跨界社交活动网络平台等。"物以类聚，人以群分"，找到一个，找到一伙。这是一个"个性化新爆品"时代，任何一个新爆品皆有对应的一个需要倾吐诉求与价值情感的场所，这个场所就是"新爆品社群"，新爆品粉丝能在这个场所内畅所欲言，倾吐心声，或投诉有门，或才华释放，让用户与新爆品相得益彰。

【教练作业】

建立一个你的产品社群。

草根梦想：众筹掘粉

过往，一款产品的打造，一般是投入资金、研发产品、招聘人员、建立渠道、广告轰炸、推广产品。这种方式，最重要是先有资金投入，方有后续的发展。而移动互联网时代，产品众筹可以颠覆这一模式。只要有一个创意，或一个产品原型，就可以通过互联网平台来获取众人的帮助，来完成这个创意的实现，并实现"草根"引爆。

◎ **新爆品众筹，草根也有出头天**

一、什么是新爆品众筹

"新爆品"众筹，就是产品创意项目发起人，通过互联网众筹平台来发布"产品创意"，并设定一定的回报条件去获得项目支持者对此创意项目所需资金的支持。当众筹达到设定目标，项目发起人就可以利用这笔资金去实现这个创意项目的落地，在这个过程中，众筹平台起到对项目发布从展示、辅导、审核及监督的作用。

二、新爆品众筹的四个要素

要实现一个完整的产品众筹，离不开四个要素：产品项目发起人、创意项目内容、项目支持者、众筹平台。

（1）产品项目发起人

指的是拥有项目创意或梦想者，有好的创想但暂时缺乏资金去启动或实现，而想通过众人筹款的方式来实现这个项目或梦想。

（2）创意项目内容主要包括

项目名称、项目发起人的介绍、项目的详细推介与图文视频、众筹所需要达成的资金目标以及资金的用途，对支持者的回报或承诺。

（3）项目支持者

就是对此项目有实际资金打赏或支持的项目受众，他们基本上事先是不认识项目发起人，而是基于在互联网平台上了解了这个项目，或对项目感兴趣，或因项目发起人的梦想情怀所促动，进而对项目提供小额资金支持。虽然单个人支持的金额较小，但是互联网用户是庞大的，支持者积小成多，累计起来，就可以形成一股强大的资金力量，助梦想实现。

（4）众筹平台

就是专业的互联网平台，是项目发起人与项目支持者的连接者，也是项目的辅导、审核、监督者，以及对项目支持者回报的利益保护者。当然，一个众筹项目一定有一个资金吸纳的总目标，如果达成目标，则众筹成功，如要没有达成目标，就宣告失败，款项退回支持者。现在比较活跃的众筹平台如：京东众筹、淘宝众筹、天猫众筹、众筹网等。

产品众筹具有项目广、门槛低、有创新等特点。产品众筹的项目包罗万象：有科技、农业、食品、艺术、游戏等等，产品众筹发起者与支持参与，几乎没有门槛。只要有好的创想，就可以发起产品众筹，但有一点要求：就是发起人的创想需要经过较专业的策划展示，以达到可以在互联网平台展示的程度，这样平台才认同并发布。

三、产品众筹与新爆品打造

（1）"众筹产品"天生更具有新爆品基因

伴随个性化消费趋势的发展，越来越多具有"个性化、体验化"的产品创想与创意出现，覆盖到"衣食住行、吃喝玩乐"等各个领域。个性化的产品创意，其特征就是一定程度上有"解决"用户痛点的定义，比如便携式迷你投影仪：方便随时随地享受投影文件或影视所需，这让办公生活更移动休闲；线下QQ农场：可以种菜、植物科普、线下农场农村生活体验等等，"众筹产品"的"精准痛点的产品创意"与新爆品基因不谋而合，"众筹产品"天生更具有新爆品的基因。

（2）众筹助新爆品"吸粉"

一场正式的"众筹产品"，就是一场有策划、有目标、有执行的产品传播、市场调查、定制库存大数据收集、资金吸纳的过程。

产品创意在发布前，就需要对项目的创想说明、卖点痛点以及用户的吸引点，进行专业的策划包装，达到可以很清楚地在互联网上展示发布的程度。这种包装策划，往往要通过营销软文、精美海报、视频来表达。这些传播内容通过互联网平台的发布，同时配备APP链接、朋友圈转发，可以传播到广泛的浏览者。

"众筹项目"发布，是一场与终端浏览进行互动的过程，可以收集到大量针对这个项目的有用信息。特别是通过对支持者数量与级别的大数据统计，这对"众筹产品"来说是一场真枪实弹的市场调查，通过这些信息可以很好地判断这个产品的市场前途，有利于在产品生产之前就可以回避风险或者决定是否加大研发推广力度。

项目支持者的资金投票支持，直接决定众筹的成功。这也是一个"众筹产品"的定制过程，也就是说，这是一个产品还未正式批量生产之前的"定制"数量采集的过程。这是一种先有订单再生产的过程（消费者直接对工厂的C2F或C2B模式），这样做的好处是，先有订单，再生产，避免了生产数量的盲目性或库存的积压。

（3）"草根"也能出新爆品

对于"产品众筹"的发起，大多数是有好的产品创想，却启动资金不足；或者产品有卖点，营销推广还存在困难；或者小微企业的经营者。如果以传统的竞争方式，这些产品创想要在很短的时间内被引爆，如果没有很强的实力，几乎不可能实现。而"产品众筹"，是一种非常"草根"的集资方式与支持方式，只要有好的产品创意，无论身份、地位、贫富，如产品创意好，都有可能通过大量的支持者，以及广泛的传播来取得产品的引爆。这种成功案例不少，最有代表性的有京东众筹突破千万的"三个爸爸空气净化器""铜木主义小板凳，众筹破800万"等等。

【教练作业】

你的产品是否适合众筹推广？如果适合，请拟定一个众筹方案。

网红吸睛，借力吸粉

移动时代，人们已存在于碎片化时间、场景化消费、社交化交易之中。"网红"以其特有的娱乐欣赏形式，正在抢占着人们的碎片化时间。网红身居网络平台，以社交传播分发，通过自身颜值、才华、人格魅力、个性特点、蹭社会热点等表现，吸引粉丝，进而形成"粉丝群"。

◎ 让网红与产品粉丝互动

一、网红＝"消费商"

网红，是个性化需求的产物。特别是"90后"及"00后"，他们是互联网的原生居民，属于后物质时代的主人。他们除了对商品本身的品质要求外，更追求个性的表达，而且特别热衷于关注别人的"消费分享"。此时有人教大家如何饮食起居、如何打扮、如何保养、如何健身、如何美妆、如何搭配衣物、如何选购家居用品，这吸引了不少有这方面需求的人，这时网红出现了。网红其实是一个消费引导者，网红是一种社交现象，也是一种社交商业。网红的价值在于其对粉丝一呼百应的影响力。随着社交商业化的发展，网红渐渐承担起"消费商"的角色，在引导购买方面，起到领袖推广作用。

二、网红粉丝="新爆品"土壤

网红消费有如下一些特征：

（1）网红消费较年轻化："90后""00后"属网红的最热追捧者。大多网红在分享她们的生活方式、服装、化妆品等各种信息，这正是年轻女生的追求。她们关注时尚、关注网红的生活与装扮，进而引导购买；

（2）网红的个性化与小众化：网红所代表的是一个窄众的群体，对个性生活的追求。网红粉丝或因"颜值"群聚；或因"卖萌"而群聚；或因"喜欢旅游"而群聚，因"美妆"而群聚——网红其实代言的是一个个小众化的群体的审美与追求。这些特征与趋势，对于新爆品的推广提供了很好的机遇与土壤。

（3）网红消费的社群化：网红推广内容越来越垂直、专业、细分与精准。比如旅游、母婴、健身、情感、宠物、投资、美妆、舞蹈等等。这让每一个网红都有自己的粉丝群体。这个群体共同追求或是颜值，或是知识、或是生活方式、或是健康等，网红群体转化为社群后，达到了粉丝"互动+圈养"的效果。

三、小众新爆品，适合"网红"吸粉

网红通过自我体验分享来吸引粉丝，在不知不觉中，对粉丝完成了消费引导。一些可以"消费分享"的新爆品，因其"个性化，强需求"的特点，更符合网红产品"小众定制、品牌人格融入、精准聚群、引领潮流"等标准。

例如，服饰、美妆、美食、书籍、小电器、小而美的物品、颜值高的商品。这些新爆品植入到网红的"卖萌、雷人、颜值、娱乐、搞怪、才艺表演、知识分享"，在获得粉丝的同时，获取更多的拥趸。类似无钢圈文胸、秒瘦、去斑、口红、书籍、服饰、自拍杆等等，在网红的"消费商"作用下，得到很好的推广与销售引爆。

再比如，目前，淘宝平台约有网红店铺已超过1000家，而且在淘宝排名前十的网店中，网红店铺占7成。淘宝店主、平面模特出道的张大奕，据称其淘宝店铺一年的销售额达3亿，5000多件新款衣服在10秒内一抢而光。还有近年发展起来的抖音、快手代购，已成为一种新时尚的推广渠道。

图5-8　类似适合网红推广的产品

"新爆品"借助网红的推广，基于网红个性与人格温度，获得粉丝的喜爱与信任，因而削弱了对议价的关注，这就成为新爆品的溢价条件，人们因为网红的推介而觉得更安全、更可信、更超值、更时髦、更前卫等等，同样花钱花得值。所以，对于一些窄众的个性化产品，选择适合的网红社群来柔性引爆，将是新爆品的一条可取之路。

网红对某一商品进行体验与分享，也是跟粉丝互动的过程。粉丝可以对网红所引导的商品提出迭代升级的建议，同时可以按个性要求来定制，网红收集到订单后，集中交付生产，从而实现了C2B的完美模式："网红+直播+新爆品C2B"的模式。

四、网红平台：小众新爆品的好渠道

据统计，目前国内直播平台有近400家，内容覆盖综艺、娱乐、游戏、美妆等各个方面，用户受众约2亿左右。个别主流直播平台在高峰时段在线人数可达

图5-9　活跃的各大直播平台

1000万，直播发展时代已经来临。网红发展土壤广阔。这对于小众新爆品推广，是一个很好的渠道。

【教练作业】

1. 请思考你的产品是否适合借用网红平台进行宣传推广。
2. 为你的产品策划一个抖音推广活动。

掘金案例："三个爸爸"空气净化器的"粉丝飞轮"①

"三个爸爸"，一个空气净化器的新创品牌，首次在京东众筹平台，千万众筹成功收官，令业界刮目相看。这个超乎常规的成功，得益于产品型社群与产品众筹的成功，是社交传播时代，粉丝运营的经典之作。

◎ **在痛点中发现新爆品机会**

近年来，雾霾成为全国性的焦点热议，在北京等北方城市这种重灾区，雾霾更是微信圈的头条热议点。越来越多的人出行戴上了口罩，人们开始关注空气净化、保护呼吸道，而不知不觉，空气净化器越来越成为生活必需品。

（1）围绕四个核心痛点，打造解决方案

"三个爸爸"几个合伙人建立了一个微信群，专门针对人们需要一台怎样的空气净化器大家参与讨论：什么样的使用者、什么样的价位、什么样的功能等，通过意见汇集整理，他们认为"空气净化器"要解决的首要痛点人群：是儿童，因为雾霾对儿童的侵害最大，而且对儿童的保护，是可以不惜花钱的。由此 "三个爸爸"决定消费人群直接定位于"孕妇、儿童"，在这个最苛刻的人群领域创造一个新爆品，叫"儿童空气净化器"。他们通过调查，挖掘到60多个痛点，"三个爸爸"从中找出了12个最重要的痛点，参照自己的技术和供应链水平，围绕四个核心痛点，打造解决方案。

· 净化效果直观可视：在产品里装工业级的PM2.5传感器，手机APP

---

① 此案例参考《引爆新媒体：企业社群运营模式》戴赛鹰著，广东经济出版社出版。

图5-10 "三个爸爸"空气
净化器

上能够随时显示家里PM2.5的数值，并智能操控；

· 出风口PM2.5为零；

· 军工技术除甲醛；

· 室内增加的二氧化碳变为氧气。

（2）发展意见领袖，找到种子用户

为了调动首批参与者持续关注，"三个爸爸"组织"爱心检测团"。他们把样机和空气质量检测仪送到了一部分朋友手中，让这些爸妈们体验产品的效果。出于成本考虑，检测仪只送出了不足百台。要让这些机器发挥最大效用，就送给"准用户"，而且是各自领域的意见领袖。盘算很简单：调动这些人，能辐射的范围最大。"准用户"拿到检测仪，第一反应是觉得很新奇，以前总是泛泛感觉空气质量好坏，现在可以随时随地看到空气质量的数值，知晓身处环境空气的优劣。他们瞬间开始关注环境的空气质量了，并成了各自所在圈子内空气质量的"检测专家"。用检测仪检测样机，令他们更加深入地了解产品，发现需要改进的问题，督促厂家对产品快速做出调整，实现多次迭代。检测团成员不仅认真填写每天的室内外空气检测表，有的痴迷者还把一起快递给身边的亲朋好友，或带着仪器到亲朋好友家里去检测。

一台仪器变成了圈子内的一件"大事"，既好玩，又有用，还有参与感，意见领袖们开始跟周边的人分享。这几十人组成的检测团，加上前期调研过程中沉淀下来的成员，成了"三个爸爸"的粉丝基本盘。人数不多，但他们在各自朋友圈的分享，分别影响到了几百人。事后看，他们当中很多人都带动了超过十人的成交量。他们发挥了宣传员、推广员的作用，对于后来京东众筹的发展起到了关键作用。对于初创品牌来说，这个粉丝基本盘几乎是互联网时代品牌建设的原点。

（3）100个社群圈粉，助众筹成功

"三个爸爸"选择了众筹这种新兴的销售方式。因为他们的粉丝基本盘和意见领袖，基本都是商业圈内人士，他们不但知道众筹，还跃跃欲试。众筹不但可以以预售的模式进行销售，还可以通过众筹制造话题，为接下来的推广和传播助力。事实证明，他们对众筹的成功起到了至关重要的作用。最后，通过京东众筹平台，"三个爸爸"首日成交额达到200万元，最终以1122万元的成绩稳坐中国众筹界的第一把交椅。

这其中，"三个爸爸"组建了众多社群，通过讲故事，调动更大的群体参与众筹。

这其中分为两种类型的社群：

第一种是活跃的母婴社区：创业者们通过分享育儿经验和恶劣环境对孩子的危害与社群对接。在这些社区里他们与成员们讲槽糕的空气、PM2.5对孩子的伤害 以及儿童呼吸道的疾病问题。通过这种高关注度"事件"，引出"三个爸爸"产品中包含的父母对孩子的情感，把这些受众转化为"三个爸爸"的粉丝。

第二种是电商、创业的社群：这类社群中主要是有创业想法或是正在创业的人，并且社群会不定期举办成功创业者分享会。"三个爸爸"的创始人通过"京东众筹事件"与社群对接，分享众筹故事、营销理念，从而引起其他人的共鸣。"三个爸爸"创业团队打入将近100个社群。面对上万受众的推广，获得5000用户，这对品牌传播的意义极大。

PART ⑥

效率赋能，
让好产品迅速爆红

在第一篇我们曾提到过，消费的分级有两种常见的方向，一是消费升级用户，他们认为：好生活可以贵一点，就是产品好放在第一，价格不是关键考虑的因素；另一种是消费降级的用户，他们主张：好生活，可以不那么贵。就是既要好的产品，又要有超预期的价格。不管是哪一种用户，超预期价格都可以给用户带来正面的超值体验效应。

产品从制造出来，到用户消费，经历了价值创造、价值传递的过程。通过优化效率与流程，可以降低成本而减价，让产品的综合品价比更高，让产品更有市场竞争力，加速产品爆红。

6.1 "超值井喷"定价法，加速产品爆红

"井喷"点=（价值预期）²−（价格预期）

一个不错的产品而且价格大部分人都能接受，这个价格带叫"广谱性"定价。而"新爆品"的定价，需要有"超值预期"的效应。如当你走进服装店，看到一款满意的衣服，摸上去觉得品质挺不错，在心里一定会给这件商品估个价，此时你心理给它的定价是1000元，结果导购员跟你说，价格350元，这太出乎你的意料，这就叫"超值预期"，这样的价格必会大大地促进商品的购买。故然，新爆品定价是有讲究的，至少价格不能高于其心理价值体验。新爆品的定价应该至少要满足60%目标消费者，最好朝满足80%目标消费者考虑，超值预期是新爆品定价的基本原则。见表6−1。

◎ **新爆品定价基本原则：超值预期**

小米团队在给自己产品定价时发现一个现象，就是当把单价从200元降为99元时，用户数量不是简单地翻倍，而是呈5倍甚至是10倍地增长，增长趋势是井喷式的。要引爆"新爆品"，就需要找到这样一个个增量的井喷点。用一个公式来表达这个"井喷"点，那就是：超值"井喷"点=（价值预期）²−（价格预期）。"超预期定价"，与其它产品定价法有明显的不同，就是从

用户角度着眼，以高度激励用户购买为出发点，给用户超预期的满足：

表6-1 产品定价原则

定价法	说明
成本加价法	估计产品成本，以成本决定价格
竞争参考法	分析比较竞争者的价格，根据竞争对手的价格政策来定价
消费接受法	一个比较接近用户心理接受线的价格
超预期定价法	确保高性价比，感受到价值大于心理感知价，大大超出预期

（1）效率降本：超预期定价的本质

产品从制造出来，到用户消费，经历了价值创造、价值传递的过程。通过优化效率与流程，可以降低成本而减价，让性价比更高。小米手机通过互联网引爆销售，直接从厂家到达消费者手中，减少了中间渠道的相关费用，实现了超出预期的高性价比。名创优品，通过对单品的"量大集中采购"，在区域设仓，大大降低了采购与物流成本，实现了超预期的价格。而让超预期定价做到极致的更属拼多多，拼多多的逻辑就是拼购，越拼越多，量大越低价。超预期定价是一根杠杆，可以吸引粉丝、撬动社群、带动"迭代产品红利"与"周边产品红利"，能量巨大，大到甚至可以因为用户的骤然聚核而形成一个大平台。比如，小米，由爆款手机，百万米粉涌聚，最终形成一个小米平台，几年内市值达数百亿。拼多多更是把人性最底层的贪婪特性研究得淋漓尽致，拼多多在上线三年多时间上市，并市值井喷。基于新爆品的使命目标是产品要爆红，所以，超预期定价是新爆品引爆的撒手锏。

（2）高品价比=高品质+超预期定价

基于现在众多电商平台推出众多超低价产品，基本上是以牺牲品质换取"超低价"来吸引流量，这种"低质低价"品，不叫新爆品。基于大家抱怨淘宝网上低质假货太多，马云也作了这样的回应：不是低质假货太多，而是消费者太贪，这一句话道出了便宜没好货的原理。

然而，"新爆品"要做的是，既要超预期定价，并且要高品质定位。而如果一味为了价格叫好，而放弃品质，这不但不能打造好产品，相反还会搞砸产品。然而，话又要说回来，新爆品就一定是要低价吗？当然不是，但有一点是必须的，那就是产品的品质、性价比综合体验感来说，产品定价应该是超值的、超出用户预期的，准确来说是"性价比"要高。哪怕是对于消费升级的用户来说，虽然他们在价格方面不是很敏感，但"超预期定价"更能给其带来出乎意料的吸引力。

超预期定价：是新爆品的流量利器

一个新爆品，要在较短的时间内撑开一片天地，取决于三个方面的定力：

（1）在产品的战略目标上，要始终坚持"打造新爆品"的战略使命；

（2）在用户的目标定位上：要始终坚持精准地锁定用户，不要偏离了用户目标；

（3）在用户流量目标上：要通过手段快速吸粉，获取用户。

超预期定价，恰恰可以在这三个方面起到大的作用：定价可以"定用户"，定价可以"定流量"，定价也是定战略。一个没有超预期的价格，一定不会吸引到更大的用户流量，没有用户流量的产品，一定不会发展得很快，也不会带来更快的迭代发展。

所以，很多新爆品刚一面世，就很好地利用"超预期定价策略"，快速吸纳粉丝和用户，在很短的时间内形成一个新爆品的消费冲击波，影响消费者，甚至去改变行业格局。从这个意义上来说，超预期定价，是新爆品快速崛起的一个助推武器。近年越来越多创新产品，通过定一个超预期价，经线上线下众筹等手段来迅速启动市场，获取首批种子用户，然后再扩大渠道推广，与用户传播吸粉，打开市场，我们所熟悉小米手机、三个爸爸空气净化器、米家电动镙丝刀、伏牛堂米粉、三只松鼠互联网坚果……皆是经典的成功案例。

在一定程度上来说，新爆品的成功，很大程度上，是超预期定价的成功。所以超预期定价，可以加快爆品引爆的效率，为爆品效率赋能。

◎ 小米生态链产品"超预期定价"的玄机

小米上市的前一个月，在一次手机新品发布会上，雷军承诺：小米硬件综合净利润永远不会超过5%，如有超出的部分，超出部分将全部返还给用户。对此，我们暂且不去评论小米"利小量大利不小"的境界。因为靠市值或生态链圈钱的企业，不是每一个企业都能做得到。单就对于小米硬件的定价，确实是"超预期的定价"：给足用户超预期的价值体验。

小米第一个把智能手机价格捅破到2000元以下，第一次让手机用户在互联网上排队抢购智能手机。当然，小米是一家很特殊的企业，是一家借助硬件为载体的互联网企业。他通过"超预期定价"获取海量客户，再为用户提供增值服务或者类似周边产品等其它模式来盈利。所以雷军曾说，中国所有的大众消费品都值得用这种思维重新做一遍：单品极致，物超所值。所以就形成了小米生态链中整合了100多家智能硬件产品。除建立网上商城外，还开设了米家实体店。以"单品极致，物超所值"的理念打造了强势的新爆品体系。见图6-1。

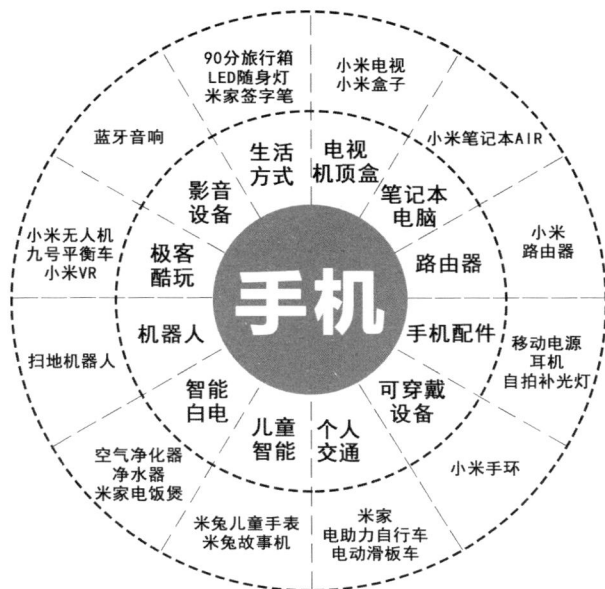

图6-1　小米生态链

【教练作业】

请聚焦选取一个单品，进行超值井喷定价与推广。

6.2 "短路"逻辑：环节越短越高效

新爆品的"短路逻辑"

我们说，把产品做好，是产品思维，把服务体验做好是用户思维，然而，光产品好、服务好，产品也不一定能卖得火爆，因为我们还需考虑另外一个方面：商品的交易结构，就是产品从制造出来，到用户手中的各个环节的流向与路径。交易结构的复杂程度往往决定了商品流通的效率，而流通效率越高，本身就会助推交易的火爆。接下来，我们来谈谈产品的交易结构与新爆品的效率思维。

◎ **传统商品流通路径VS新爆品的"短路逻辑"**

传统的商品流通路径往往是：制造商（M）→总代理分销商（S）→零售商（B）→用户（C）。

这种流通路径层级较多，各层级都存在一定的成本、费用以及利润需求，那么，从制造商经过层层加价后，最终到达用户手中，加价率就较高了。用户很希望直接从制造商（M工厂店）手中直接购买，因为加价环节少，更划算。然而为什么大部分行业或者产品又不能实现这种M2C的模式呢——那是因为，制造商的主要精力与使命是产品的创造，没有足够的资源与精力去直接服务好每一位用户。所以就会有总代理（分销商）、零售商的存在。总代理（分销商）的价值在于向市场铺货，让产品覆盖更多市场渠道，提升产品的可得率；零售商的作用与价值在于，直接服务好终端的用户，让用户更满意。

然而，如有某一种产品，他们砍掉了所有中间环节，直接服务用户，这种模式叫M2C，并且有足够能力实现其产品在市场的覆盖率，那么这个模式一定会让产品销售如虎添翼。小米"互联网手机"就是这样的一种渠道模式，用户直接从小米电商平台上购买手机，小米省却了传统渠道的中间加价环节，节省了很大的中间费用，这些省下来的空间可以让利给用户，所以小米能率先推出1999的智能手机，让智能手机实现价格破冰，三年内销量做到行业前列。

对于渠道短路，有两种极致方式，需要重点关注：

（1）M2C；

（2）C2M。

M2C，就是制造商直接卖给用户；而C2M，则是用户直接向制造商反向定制：用户以确定性的需求订单向制造商下单。比如：产品众筹及一些产品预售，就是先有需求，再按需生产供货。红领西服定制就是这样一种交易模式。红领西服装通过互联网技术，在全球收集订单信息，每一个订单信息都是个性化的，也就是说，每一套西服都是针对一个不同的具体人的需求而来的，一千个人有一千个需求，都是不一样的。而这些个性化的需求，经过智能量体技术得出的数据，让电脑系统可以自动设别并抓取对应的版型，同时可以菜单式地选择布料、领口、袖口、钮扣等各部位拆分体，最终形成一件符合个体身材与个性需求的西服。而传统的做法是，一次性批量生产同款西服，通过批发给分销商，再到服装零售店，再卖到消费者。这样不但层层加价，更会由于需求的不明确或猜测，就可能导致库存积压，造成成本上升，款式过时而滞销，更无从谈高效。

当然，C2M和M2C这两种方式是最短的渠道交易路径，所压缩的成本空间，可以让利给用户，就会让产品的性价比更高，然而，"C2M模式和M2C模式"不是那么容易就能做到的，需要借助科技、资本、人才、时代机遇等多方的因素。然而这告诉我们一个逻辑：要找到适合产品自身的"最短流通路径"，减少流通环节，将加速产品引爆。

案例点拨："短路"赋能名创优品

近年，我们发现，在一些人流量大的商业街及购物广场，有一家专门卖日用品的杂货店，叫"名创优品"。它的产品聚焦于一些"快时尚"的日用品，如袜子、帽子、手提袋、充电宝、香水、杯子、眼镜、小玩具、眼罩等约上千种品类，这些商品消费人群都定位在：16～30岁的年轻人，最吸睛的是，商品的价格都特别的低，大部分是定位在10～30元左右的小商品，这吸引了大量追求时尚快捷又实惠的人群。名创优品的门店装修亮堂醒目，货架整洁，货品饱满齐全，工作人员基本是年轻的"90""00后"。门店在商圈当中格外引人注目，走过路过，都禁不住会走进去逛逛，每一间店的生意都显得特别忙碌。

◎ "名创优品"凭什么极速引爆

据"名创优品"内部发展记载：在2013年开始在线下布局实体店，2014年店铺数超过300家，2015年名创优品公众号粉丝突破千万，成为零售品牌新媒体营销的一大奇迹，到2015年底，名创优品门店超过1000家，截止2016年9月，店铺数量超过1400家，并以平均每月80～100家的速度在全球发展。截止到2019年全球门店超过3000家，营收突破几百亿。"名创优品"的极速引爆，凭什么？

图6-2　名创优品专卖店

一、极致单品，超性价比

自有商品，极致单品，超性价比，这让名创优品极具超强竞争力。名创优品自身掌控了商品的设计或OEM把关，全部产品分门别类，每类商品款式不多，归类整理有序，同类产品款式微创新，产品设计精美颜值，材质精致，品质过硬。名创优品大约有3000种产品品类，除食品饮品外，基本都是"自有品牌"。所谓自有品牌，也就是"名创优品"把上游商品制造厂商都整合成为自己商品品类的代加工厂，贴自己的品牌。目前，名创优品大部分产品是直接在中国近一千家工厂定制加工的，它通过以"单款量大"，获得与制造商的议价权，获得超高的价格优势：便宜50%。

二、M2C：减少加价率

"名创优品"大部分商品的定价在10～30元人民币左右不议价，顾客都感觉超便宜。除了"单款量大抢得定价权外"，还有一个方面的因素，那就是"名创优品"的商品流通渠道超短：直接由厂家到消费者（M2C）。也就是制造商（M）直接卖给消费者（C），中间没有其它加价环节。而一般的，"名创优品"从代加工厂取得的价格低于正常价格50%；而"名创优品"自行物流管理成本加价约10～12%，终端零售营运费用毛利加价约30%，这样算下来，最终的零售价相当于别人同类商品的出厂价。

三、中央数据，快速物流

仓储物流和IT信息系统，是"名创优品"商品高效物流的灵魂。一般的百货商场的商品流转时间为1～2个月，而"名创优品"的商品流转周期可以达到15天。"名创优品"的物流，又快又准，是如何做的？名创优品把全国规划成东南西北中，设了5大仓储战区，并依据"名创优品"门店开发战略布局来选择定仓储设立点，按一定小区域设定仓储，方便快速响应配货，这样让海量商品库存前移到各大销售战区；"名创优品"拥有自己的"供应链管理系统"，通过ERP大数据软件，可以很科学地掌握各地的商品类别畅销情况以及库存状态，可以做到库存商品的品类型号以及数量精准管理，科学调节周边网点库存，实现"大需求、大流量"商品动销与流转，提高资金与销售效率。仓储交移销售阵地，精准ERP系统，降低营运成本提高了销售效率。

四、创新模式，加速开店

开一家店，对于代理或加盟商而言，最让人头大的事，其实是门店的运营与管理。"能不能经营好这家店"比开店本身更高难度。"名创优品"正是了解了加盟者有这个痛点后，采取了创新的开店模式。"投资获利权"与"经营管理权"分开：由加盟商投资人租下门店并按要求装修店铺，由名创优品统一的安排团队、配货、销售管理；投资人负责门店人员工资且参与营业额分成。也就是说你只要有资金，就可以投资加盟店，不需要自己去经营管理，就可以分取利润，这样一来，开店速度非常快。

正如《通向未来的商业力量：名创优品没有秘密》（李广顺著）中写到："名创优品通过高效的商品开发能力和店铺运营能力，名创优品解决了供需错配的问题，拉近了消费端与生产端的距离，极大提升了生产、流量和交易效率。供应商可以高枕无忧地履行订单而无须担心库存成本，消费者以合理的价格购买到了称心实惠的商品，加盟商持续投资回报。正因赢得了消费者、投资人、供应商的信任，它才得以迅速壮大。"

6.3　实时在线：搭"众享"快车

实时在线，打破时空局限

国内有名的"一站式家装互联网平台"艾佳生活创始人CEO潘定国在一次演讲中说道：互联网实现了人和产品的实时在线，只要把主营业务变成实时在线，就会诞生出伟大的商业务模式。为什么？

因为中国现有超过10亿人实时在线。

◎ "实时在线"如何打破时空局限

（1）"实时在线"，打破了消费时空的束缚。

人们可以在任何时间，任何地点（只要有网络）交易或消费。你躺在三亚的海边沙滩上，手指一点可以获得远在几千里之外的内蒙土豆，因为土豆"实时在线"了；你躺沙发上，打开手机就可以听"得到大学"精彩的大师课，甚至成千上万人可同时在线，听同一堂大课，因为大课"实时在线"了。

（2）"实时在线"：让"人货场"实现了零距互动，货变成了"即时可得"。

一些特色餐厅可以开在偏远一点，生意也不会比旺地段餐厅的生意差。因为菜品在"美团、饿了么，大众点评"平台上在线了。用户只需要到平台上下单就行了，餐厅的位置在哪里，对用户来说不重要。"短程跑腿"大军让人们越来越享受到"一骑红尘妃子笑，无人知是荔枝来"的喜悦。

新爆品，一个符合个性化需求的产品，当"实时在线"了，就意味着打破了时空的限制，放大了"人货场的消费场景"的时间与空间，拥有了更强大的渠道覆盖能力，或实现了"C2M，M2C"的短路交易路径。

"众享"：让每一个人都可以有"新爆品"的机会

俗话说，"高手在民间"，民间有很多各种手艺人，如编织高手、私房大厨、祖传秘制、特色美食、独特艺人。而在信息封闭时代，这些高手、才华艺人被埋没在民间，无法在更大范围内去传播传授与分享，也就出现了"酒香却怕巷子深"的俗语。而移动互联网时代，曾经深藏着的"才华、手艺"可以被无限放大传播与分享，就出现了"众享经济"现象，这让每一个人都可以是自主的个体、人人都可以是创客，每一个人都可以凭自己的才华与手艺，做一个"产品"，每一个人都可以有自己的新爆品。并通过移动互联网而得到进一步的传播与分享，同时获取回报。

◎ 众享模式：助推新爆品引爆

当下，许多方面的社会资源过剩，客观存在，大量的闲置物品、手艺能力、技能才华、碎片化时间、认知盈余、公共服务被释放出来"众享"，就让这些剩余资源重新获取使用价值与价值回报。这就是"众享模式"。大家熟知的出行业的"滴滴打车""UBER"，住宿短租业的"木鸟短租""AIRBNB"，还有在餐食业、服饰、旅游、艺术、科技、快递、教育、租赁、保健等等众多行业都被渗透。这些剩余资源被分享，是基于当下较发达的互联网平台、大数据、云计算、互联网C语言程序的强链接，甚至是正在渐渐兴起的AR技术与VR技术等移动信息时代的科技发展。这为新爆品的产生与引爆提供了很好的平台土壤，加速了新爆品的引爆。

（1）移动互联网+剩余资源="个体价值"

近年，各行各业的众享平台如雨后春笋般地出现。形成了移动互联网+剩余资源="个体价值"的众享经济氛围。这些互联网平台表现形式有：APP、微信公众号、网站平台、社区平台等。如UFOOD大厨私房菜（厨师的手艺分享）、千聊（会议、培训、教育、社交平台）、猪八戒网（创意分享平台）。这让具有特色的"个体才华经济"得到空前发展，一旦"个体产品"价值被充分放大，必将涌现出更多有时代感的产品新爆品及互联网平台新爆品。而且，众享模式也是新爆品推广的一个很好的渠道。

（2）"新个体经济"的特色：私属定制、专注聚焦、草根民间

个性化消费趋势，人们对产品的"身份感、地位感、群体感"越来越强。如私属定制手机、限量版包包、私属健康、私人保健等等，私属——高端人群的消费属性。新个体经济因"私属定制"而珍贵；新个体经济，因移动互联网而百花齐放，让所有人的才华与智慧都能有机会换取价值回报，而且价值回报，唯一考究的是所分享的"产品"是能满足个性化消费需求的，故而新个体经济因"草根民间"而多彩；另外"新个体经济"是一种特色经济形式，因"专注聚焦"就可以越做越大越做越强，一旦被通过新爆品基因包装策划，基于互联网全面"众享"推广的，新爆品引爆成为可能。

6.4 消费频率：高频升维

促动"高频消费"，增加新爆品的消费频率

用户消费频率指的是单位时间内，用户对产品的消费频次。新爆品，之所以叫爆品，一定程度上所指其消费周转频次高。这与用户对产品的强需程度、产品消费习惯、消费体验设计、促销设计等有很大的关系，当然，如果回头率重购率不高，也不会是一个新爆品。

◎ **如何促动"高频消费"增加新爆品的消费频率**

在这里让我们一起来剖析几种方法。见图6-3。

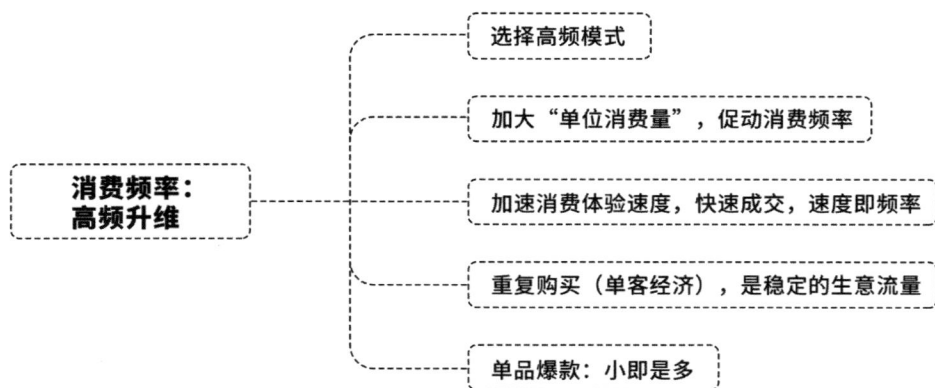

图6-3　高频升维，提高效率的五大方式

（1）选择高频模式。

如"世纪佳缘"专注于做婚恋，而陌陌，专注于社交交友，婚姻次数是有限的，而交友是无数，陌陌的消费体验频率会大N倍。当然市估几十亿，"世纪佳缘"如要增加竞争，必要引申到"社交"。"美团"，专注于"团

购"，而"饿了吗"专注于"外卖"，外卖的消费体验频率高，也一定会打败美团，所以美团也跟着推出了美团外卖。滴滴为何打败快的、易到、E代驾，就是因为滴滴的使用更高频。

当低频率遇到高频率，则是遇到一种降维打击。"消费高频"越高，越可能成新爆品。

（2）加大"单位消费量"，促动消费频率。

某牙膏品牌，多年前率先把牙膏挤出口改成大口，让消费者每次使用时会用同样的力气多挤出约50%的牙膏量，无形中，让消费频率提高了50%，加速了新爆品消费的频率，后来，对此举，行业纷纷效仿。金龙鱼一级5S压榨花生油，买4升赠1升，以赠量，来加大性价比吸引消费体验频次。"E袋洗"，以互联网预约上门取衣，以99元/袋收费洗衣，由之前的以"件"为单位的模式，改成以"袋"为标准的，实现高频体验，让经营效益几何级数倍增。"燕塘新鲜牛奶"，以包月订，每天送的模式，强过了超市牛奶一支一支去卖的方式。

（3）加速消费体验速度，快速成交，速度即频率。

尚品宅配，通过在新居网，云设计空间大量的家庭家具图片案例，用户可以自行DIY设计自家的家具款式，快速传递个性化的需求，缩减了设计的时间，加速了从制造到消费的周转，实现了新爆品频率。还有华旦时尚办公家具的（C+F）2M个性化柔性定制，产品快速交付模式，都充分体现了对经营效率的赋能。

（4）重复购买（单客经济），是稳定的生意流量。

再次消费，往往是基于之前消费都获得了较好的消费体验。因此，决定顾客再次光临的基本前提是，确保好的消费体验。吃了都说好，用了都说好，下次一定还会去消费。近年来，花样百出的促销手法，比如用"下次消费抵用代金券"手段来吸引顾客再次消费等，从利益补偿的角度去实现单客经济，这种做法其实掩饰了新爆品的本质。真正的新爆品消费，是因为新爆品本身能关注用户的日常消费习惯，并通过体验优势让消费习惯趋向于新爆品。"买果果"是一个包月模式订购水果的平台。一改平日里我们是随机自购水果的消费模式，按月订购，送货上门。"买果果"的水果包月体验，实际上就是通过很好的体验一次性买断了顾客整个月的水果重复购买，而不是只买一次两次的生意。

（5）单品爆款：少即是多。

单品的受众多，才称之为"爆"。比如，传统时期的线下课堂，一堂课，听众少则几人、几十人，多则上百人，或撑死几千人。而如在"网上授课"中，一堂课可以被上万，甚至十万、百万的听众收听，哪怕是一人只收费一元，一堂课的总收入也是可观的。这是传统课堂不能做到的。我们要善于通过营销渠道、流程的创新设计，让单位时间内更多的消费者在同时消费新爆品。而我们接触到的尚品宅配：家具"云"定制的高频模式，就是这样一个模式。同一款式产品通过"云共享"在全球范围内的用户可以同步选择。从而实现"单品爆款，少即是多"的效应。

【教练作业】

请从定价策略、渠道通路模式、实时在线、众享模式、消费频率这五个方面来构思，如何加快贵司产品的消费频率？

掘金案例：华旦：（C+F）2M个性化柔性定制，快速交付模式

办公家具属于商用家具，根据产品的空间使用场景分类，有五大常规的办公场景，即协作场景、专注场景、社交场景、放松场景、学习场景。见图6-4。由于使用场景的多样化，办公家具产品必定是个性化需求较强的一种产品。

图6-4　办公家具五大常规空间使用场景

所谓的产品线宽度：就是每一个大的办公空间场景又可细分更具体的空间功能场景。比如学习场景就有：培训室、阅读室、图书馆、研习室等等，这些空间都需要对应的产品，如培训桌椅、图书架、学习桌等等；所谓的产品线深度：指的是同一系列或款式产品又有不同的尺寸、功能配置、配色等要求，让产品线更加纵深。由此，商用办公家具的多样化、个性化程度超出一般人的想像。

对于办公家具，用户对产品的"及时可得性"也非常有需求，那就是，大部分业主在平时对办公家具的关注度较低，只是在需要它的时候又希望能马上拥有，但基于商用办公家具空间场景复杂、产品品类规格繁多，而且企业都有自身独特的文化，这就让需求与满足之间产生了一个很难调和的矛盾，这个矛盾是：既要满足用户对产品的个性化需求，又要满足用户对产品批量化生产，并且是快速交货的需求。

然而，对于制造商来说，要满足个性化的定制，就很难实现批量化生产，而且其交货速度一般都会较慢，这也是行业一直存在的痛点，谁能解决这个痛点，就将更能赢得用户，进而拥有核心竞争优势。华旦板式办公家具采用 "（C+F）2M个性化定制，快速交付"模式，让这一痛点得到解决，赢得了核心竞争力。

| 员工工作站 | 社交咖啡水吧 | 休闲活动公区 |

图6-5 办公家具图

一、什么是（C+F）2M个性化定制，快速交付模式

什么是"（C+F）2M"？——C就是用户，F是服务商，M是工厂，由产品的服务商结合用户的需求，直接在终端服务门店下单到工厂生产，这里

说的服务，主要是对产品的方案配置、个性化需求的图纸方案设计，以及后续对产品的安装调试服务。这个交易通路基本接近：C2M模式，也就是"反向定制"模式。再说具体一点，就是，工厂先接到终端用户的个性化需求订单，然后再安排生产，而且直接供货给用户，这样就缩短了很多中间交易环节。节省出来的差价空间让利给了用户，增强了产品的性价比竞争力。

用户服务商通过互联网定制软件平台，对用户的个性化定制需求进行全面精确的方案设计，通过互联网+智能制造系统，拆单式排单生产，所谓的拆单，就是把一个产品拆分成不同属性的部件，再把这些部件进行属性分类，让同一属性的部件归为一条线批量生产，如大板归大板生产线、异形台面归异形台面生产线等等，不同属性的部件生产线同步开工，让一个产品的不同部件得到同步生产，这就解决了"既要个性化定制，又要批量化制造快速交付"的痛点。这个模式，叫做"（C+F）2M个性化定制"，快速交付模式。

二、WOODSHOP 终端用户下单系统：以"共性"识"个性"

把用户需求转换成订单信息，并把订单信息精准高效地传输到系统，这归功于WOODSHOP终端门店下单系统。这是一个"个性化定制"的互联网软件平台。在这个软件平台上，有常规产品模型库，所有常规的产品模型都分门别类地预先导入到这个模型库。见图6-6。

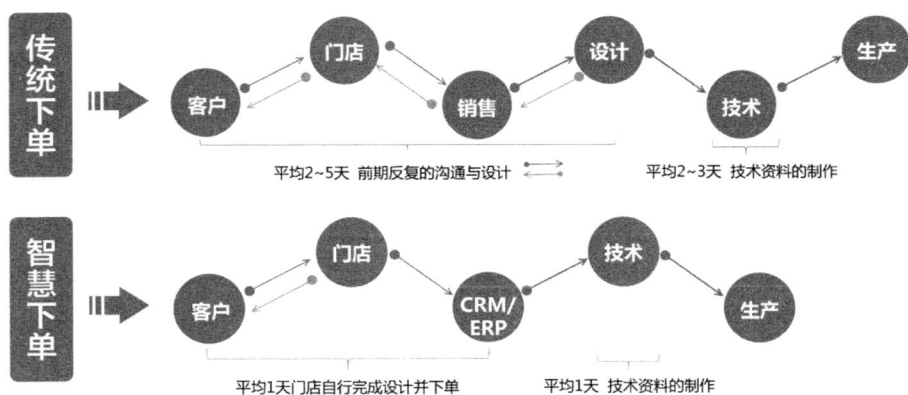

图6-6　终端门店下单系统相对传统人工下订单，效率大幅提升

服务商可以依据用户的个性化需求直接按需选择常规款定制模式进行个

性化定制。所谓的常规定制，指的是款式相同，细节参数可以进行个性化变化：比如尺寸、板件和五金颜色、小柜配置、过线配置、桌屏配置、其它配件选择。只要用电脑鼠标点击输入参数，就可生成配置方案，并形成实时产品及报价清单。这个终端门店下单系统相对传统人工下单来说，减少了沟通环节，提高了技术资料制作的效率，让订单的前期处理节约了2～5天，订单交期缩短5～7天。

三、WCC定制运算系统，精准高效

上述订单形成与传输环节，终端门店服务商已充分收集到用户对产品的个性化需求，并在这个下单系统中转化成了系统可以识别的产品需求清单。更让人觉得新奇的是，当这些数据在系统内被确认上传，CRM（客户关系管理系统）与ERP（企业资源计划系统）立即进行交互，此时另外一个互联网软件同时发挥重要作用，这个软件叫WCC。见图6-7。

多项专业系统的建设，打造互联网系统与大数据平台，实现智能排产。

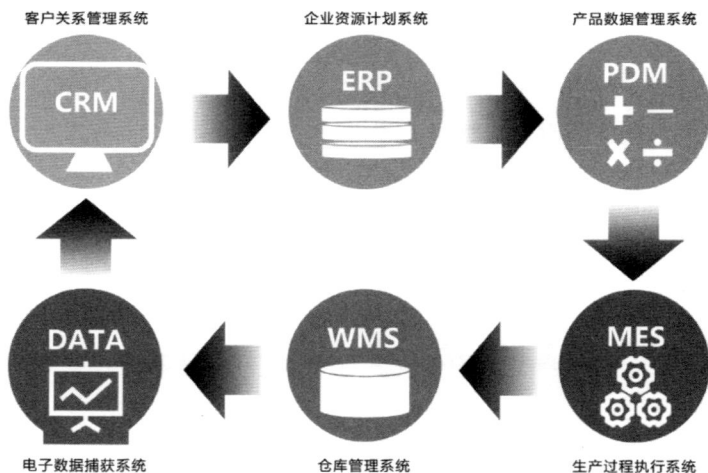

图6-7　个性化订单，智能排产流程图

这是一个支持各种产品定制、快速生成材料报表清单，并可进行智能裁切运算，自动生成CNC加工程序的功能软件。它让所有的产品需求瞬间转换成了生产系统可以识别的技术图纸与生产资料BOM表（材料清单表）。此时，MRP物料系统依据BOM表的数据，对所需物料进行了全程的管理，包括物料统计、发料、库存、供应商、进出仓、预警等，适时确保生产物料的高效运算与精准投送，提高了生产效率。软件系统对数据处理就绪，只要对电脑里的技术图纸发出二维码指令，就可以启动设备按图纸进行智能化生产。随后进入智能仓存与物流系统，在启动生产的那一秒，每一件板件都将拥有一个独一无二的识别二维码，只要扫二维码，就可以知道这块板是哪个产品哪块部位的板件，方便产品的生产线走流程，还有仓存运输、安装分拣、售后查件。

四、拆单式生产，化"个性"为"共性"

一个订单有数个、十个、百个或上千个产品，当这些成品再拆分成部件，那就可能是几万、几十万、数百万个部件，而且这些部件又面临着材质不同、规格不同、尺寸不同、厚度不同、形状不同、颜色不同等，如此，更让部件显得极度繁杂。

对于板件加工，传统的做法是以工序的先后顺序进行流水线作业：开料、封边、排钻。这种传统生产工序，面对个性化产品时，生产过程极容易出现设备频繁更替、物料回流繁多、工艺严重拥堵的现象，生产效率大打折扣。而智慧型生产流程是：拆单式生产，把每个个性化成品拆分成不同的部件体，然后把不同产品不同部位的相同属性的部件归为同一类别，在同一条完整的工序（开料、封边、排钻）的生产线上，一直走完生产线，这样就把加工板件"化个性为共性"了，从而避免了设备频繁更替、物料回流繁多、工艺严重拥堵"的现象发生。再具体一点说，在组织生产上，把传统的以"垛"为生产单位，转变成了以"线"为生产单位。

按照板件及材料的生产加工特性，分成了九条线：异形单板线、加厚线、台面异形线、小件单板线、单板铣形线、大板件单板线、中板件单板线、屏风线、钢架线、包装线等。如异形单板线，它的产线优势是集中需要进行异形封边的单板到产线进行加工，提高设备的使用率并灵活运用每个设备的加工特点，整体提高加工异形单板的产量。每一条线都具备类似的优势。一句话说，通过拆单式生产，把板件工艺性质相同的放到同一条线来生产，实现部件"共性化"生产，实现了批量化生产，极大地提高了生产效率。

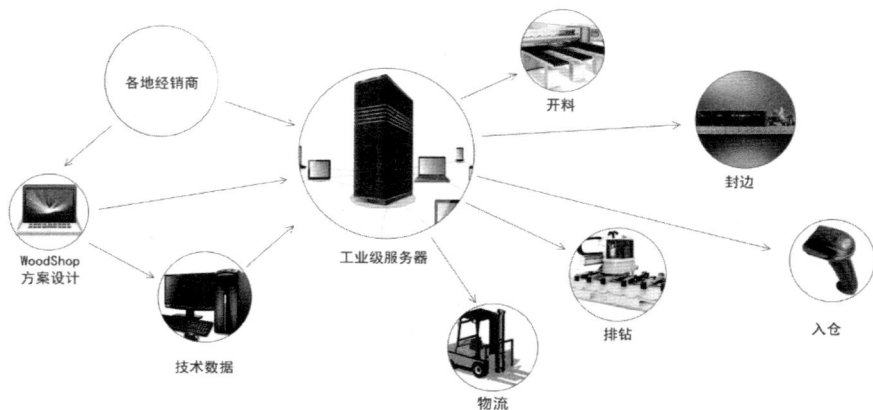

图6-8　订单数据、技术数据、生产数据、物流数据等实现智能互联

如图6-8，在整个智慧制造的生态链条中，用户的个性化需求、需求方案设计、技术数据，以数据语言的形式传输到一个叫"工业级服务器"的智慧大脑，这个智慧大脑是由各种智能软件交互组成，数据经过这个大脑处理后，即把个性化成品拆成了各种部件，然后又把加工属性相同的部件归为共性的同类部件，直接指令到不同的生产工序，开料、封边、排钻、送料、入仓、物流等。从而实现不同的部件可以同步在线生产，不需要等下一道工序，所以在同一秒钟内，生产线上可以有近5000个不同部件工序在同步进行，所以速度就非常快，而且可以批量化生产。

五、部件化库存，像中药铺抓中药一样，快速配置成品

为了满足个性化产品，批量化快速交货。根据产品款式的通用程度和畅销程度，以及产品的生命周期，华旦采取两种方式的配备产品库存。

其一，对于畅销款式，进行标准化产品成品备库存，按订单型号实现成品当天发货；

其二，常规款式部件化备库存。什么叫部件化库存，就是把成品拆分成部件，准备好部件的库存，部件可以由很多材质、规格、颜色选择，可自由结合成成品发货，满足个性化需求。

例如，一个职员工作站，就拆分成钢脚架（有四种颜色供选择）、台面（有两种木纹、两个尺寸供选择）、桌屏（有两种造型、两种颜色供选择）等三个主要部件。用户可以任选组合成成品发货，仓库发货时，依据用户个性化需求的选择，对照需求清单，像中药铺抓中药一样，快速捡部件配置产品发货。部件化库存方式，其实是一种把市场上很多个性化需求，进行汇总，分类后，转换成共性化部件，然后进行批量生产备库存的一种方式，满足了一定范围内的个性化定制与批量化快速交付需求。

PART 7

新爆品 CEO 画像：
产品能力是 CEO 的底层能力

产品能力，是CEO的底层能力，每一个人在他的最底层意识里，都有对产品的判断与产品创新的思维逻辑。

而今天这个大好时代，正在给每一个人去创造属于自己的产品机会。只是在于我们是否有洞察力去发现这个机会；我们是否有更加创新的思维方法，对产品去深度理解与感知；我们是否愿意去打破产品原有的舒适区，用全新的视觉去看待产品在新时代的生存机会与前景。当更多的人用智慧的双眼发现身边更多的产品机会时，我希望这本书能够与他同行，为更多的产品人带来更科学的开始，收获更美好的未来。

7.1 一个成功的新爆品，取决于CEO的底层产品思维

称职的CEO通常都是优秀的产品经理

周鸿祎说——"优秀的 CEO 往往都是一流的产品经理"。

马化腾说——"我是腾讯最大的产品经理"。

丁磊说——"我是个90分以上的产品经理"。

雷军在小米的定位是——首席产品经理。

可见，产品在CEO心目中是重中之重的。尤其在今天竞争激烈的互联网时代，一个成功的新爆品，往往取决于CEO的底层产品思维。

当CEO挂职"产品经理"后，产品就成了企业第一重视的方面了，CEO可以调动更强大的资源去做好产品。当然，反过来看，凡是那些把产品做得很好的CEO，其公司通常都做得很优秀。

产品能力，是CEO的底层能力

产品能力，是人的底层能力，每个人在他的最底层意识里，都有对产品

的判断与产品创新的思维逻辑。而这个大好时代，正在给每一个人去创造属于自己的产品机会。只是在于我们是否有洞察力去发现这个机会；我们是否有更加创新的思维方法，对产品去深度理解与感知；我们是否愿意去打破产品原有的舒适区，用全新的视角去看待产品在新时代的生存机会与前景。

在我们身边，有很多这样的创业者。碰到一个自己感兴趣的产品或项目，凭直觉判断应该前景不错就急急开干。而当产品出来后，又感觉不是最初想像的那样有前途，于是"食之无味，弃之可惜"，或撑不下去的，只能放弃，当然也有遇到瓶颈，寻求高人指点的，高人从战略、用户、产品等各方面给予分析、梳理与重新定位，按科学出牌，以期重振旗鼓，达到预期，这说明做好产品还是有科学可循的。

◎ **做好产品，是企业的"一把手"工程**

新爆品的打造，是在科学的战略思维指导下诞生的。

这包括一套完整的思维：

· 痛点思维

· 聚焦思维

· 品类思维

· 体验思维

· 极致思维

· 效率思维

· IP思维

自产品项目立项开始到产品推向市场，是始终贯穿着的。而有很多产品在立项的开头是好的，对用户的分析与产品的定位都是科学的，但是慢慢的，在企业经营管理的过程中却出现了轨道的偏离，企业没有长期坚持战略定位，没有坚持聚焦定力，没有持续注重用户体验等，最后导致产品项目没有达到预期。

企业的一把手CEO的战略思维与定力将起决定性的作用。一个新爆品要取得成功，需要有一个"新爆品"思维CEO。

（1）用户时代已来，产品越来越成为核心。

产品是否得到用户的拥戴，是CEO首要考虑的问题。我们身边有太多优秀的企业CEO，本身就是产品经理。当一个优秀的产品交付给世界，就背书了一个优秀的CEO。

（2）产品能力，是CEO的底层能力。

产品就是"价值交付"，把产品交付给世界，就可以让用户感受到产品的价值与力量。如果一个CEO在最底层没有产品的思维，就不会有好的用户价值输出。因而，做好产品，是企业的一把手工程。

7.2 新爆品CEO画像：优秀的新爆品CEO应有的七大思维

新爆品的打造，是一个对战略聚焦、用户体验持续定力的过程与结果。一个优秀的新爆品CEO，至少要有以下这七大思维。见图7-1。

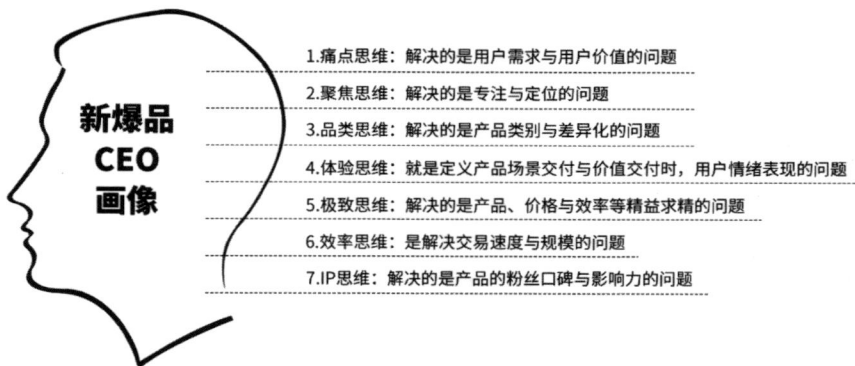

新爆品CEO画像

1.痛点思维：解决的是用户需求与用户价值的问题

2.聚焦思维：解决的是专注与定位的问题

3.品类思维：解决的是产品类别与差异化的问题

4.体验思维：就是定义产品场景交付与价值交付时，用户情绪表现的问题

5.极致思维：解决的是产品、价格与效率等精益求精的问题

6.效率思维：是解决交易速度与规模的问题

7.IP思维：解决的是产品的粉丝口碑与影响力的问题

图7-1 爆品CEO画像

痛点思维：解决用户需求与用户价值的问题

◎ 不能解决用户痛点的产品没有必要去做

痛点思维，是解决用户需求与用户价值的问题。新爆品的使命是为用户输出价值，不能解决用户痛点的产品，就没有必要去做，因为它不可能成为新爆品。

研究产品痛点是产品的开始与核心。CEO在项目创业之初就要弄明白，产品立项不是跟风与拍脑袋，而是分析，这个产品之于痛点解决与强需求的关系是强还是弱。这也是很多CEO在创业之初不愿意或无意识去认真分析的。他们宁肯相信自己的直觉，只从项目的获利表象上相信前途光明。往往他们在对一个产品或事物感兴趣了，就很难听进一些理性的分析等等。所以他们往往会不知不觉地拒绝一切客观分析，听不进泼冷水的话。

最后导致，所做的产品不是用户需要的产品，或者没有足够用户数量的产品，如手提式缝纫机、止汗香体液、DX运动（约跑社交平台）等，都是因产品痛点分析不足，而落败的产品。由此我们认为，痛点思维是产品的开始与核心，产品走不动，是因为产品对于用户来说没有多大的价值。

聚焦思维：解决产品专注与定位问题

聚焦是解决专注与定位的问题。聚焦，对于做产品来说至关重要，聚焦后，资源才能集中火力去做好一个产品，才能做深做透，才能称得上是专注。我们身边有很多企业，在开始是聚焦的，但发展到一定的程度或受到竞争等各种压力因素，或者听信旁边人的不同声音，而慢慢地偏离了聚焦的焦点，让产品品类越来越杂、产品款式越来越多、产品越多就越不能做精，每一个品类，每一款产品都是平平过。从另一方面来说，最初因聚焦而植入到用户心智中的"专业形象"也遭受破坏，损失了产品的心智资源。

◎ "无聚焦，不爆品"

不聚焦，无从谈品类，更无法去精准定位产品的目标用户，也无法去定位企业应当做什么，不能做什么，哪些方面应当加大投入，哪些方面不能去碰。作为CEO，如果没有在产品的顶层设计方面很清楚地设计好产品的聚焦，不能搞清楚定位做什么品类、定位什么档次、定位什么目标用户人群，就不能对企业的资源投入给予很好的掌控，同时对企业的经营产生较大风险。对于新爆品的打造来说，聚焦是根本的战略，企业只有在战略规划上聚焦一个优势点去发力，才能做强做大，所以"无聚焦，不爆品"。

品类思维：解决产品类别与差异化问题

品类这个词是个大词，解决的是产品的类别与差异化的问题。我们了解到，只有自成一个品类的产品，成功的胜算才更大，为什么，因为"品类"一词意味着实现了差异化，避开了最正面的竞争。但凡有品类思维来创业，成功的几率就大很多。比如，好记星、E人E本、背背佳、小罐茶，大家一听，都知道这几个产品几乎都是代表一个品类，但很少人知道其幕后创始人是同一个人：杜国楹。所以我认为杜总是创造品类的高手。相反，我们身边有很多企业做了几十年，还是半死不活的，或原地踏步，为什么？我想大多是因为企业的CEO没有意识把产品创新成一个品类，没有重视要做一个与别人有差异化的新爆品。

◎ 找到品类"无人区"，让产品脱颖而出

用户对一个品类的产品，在记忆中通常容易记住的品牌是7个之内，如果在同一个品类中再往用户心智中去挤入新品牌，实际上是很难挤进去的，而且成本也会很高。所以要竞争取胜，另独辟一个新品类，找到品类的"无人区"，这是一个极好之策。

当产品成为一个差异化的品类之后，实际上是在用户的心智当中占据了一席之地。人的心智对新鲜事物与新的品类更好奇，更愿尝新，记忆会更深，就避开了原有品类的认知混乱与品类的陈旧。当越来越多人对新爆品参与分享时，很容易打开一个新的市场局面。特别是在互联网信息爆炸，竞争白热化的时代，对于CEO来说，产品创始之初做好品类定位，才能做到与众

不同，脱颖而出。

体验思维：解决用户情绪表现问题

体验思维就是定义产品场景交付与价值交付时，用户情绪表现的问题。

用户体验，首先是解决产品场景发生的问题，就是在某一个具体的时间、空间里发生产品的使用，并激发出用户怎样的感受。感受是好？爽？一般？还是很糟糕。再者，用户体验是围绕产品的价值交付而来的，一切偏离了用户价值的体验，都是无效的体验。

◎ 用户体验决胜产品的存亡周期

当一个产品的价值提供已明确定位好了，我们需要围绕这个价值定位来设计产品的用户体验去达成产品价值。有一句话说，所有的产品都可以用设计驱动的思维去重新做一遍。意思是说，所有的产品都可以重新去定义它的价值提供，比如产品升级、产品降维、产品场景转移等，当价值转移了，其对应的产品体验设计就要围绕着价值提供来作调整。比如在前面讲产品设计时提到的米家电动螺丝刀，就是从专业生产工具使用场景的电动工具进行重新的场景定义，定义成了"DIY生活工具"："快乐劳作，分享成果"价值提供，那相应的对产品的体验设计，如：精致小巧、小功率、大容量电池、高颜值等等的体验设计，让产品符合"生活颜值巧具"的定位。

（1）产品体验事关产品口碑

对于CEO来说，产品的体验好坏事关产品对于用户是否有好口碑。而产品的体验往往是一种细活，一种站在甲方来思维的细活。相对战略来说，产品的用户体验对于CEO来说往往容易忽视。互联网产品的用户体验，与产品战略一样重要，是CEO特别重点关注的方面，而对于一个硬件产品，CEO却往往容易关注不够，因为硬件产品的体验感受反馈没有互联网产品那么随时在线。

（2）用户体验是需要与时俱进的

另一方面，随着时代的发展、科技的进步、用户审美的进步，往往一个产品的使用场景不是永远不变的。当产品使用场景有变，或可以重新定义，用户体验也需求进一步优化，好比小罐茶，最早起步于"一罐一泡，方便携带"，定位于一个人的茶享生活，而随着产品品类竞争的需要，而及时升级了产品的使用场景，多人喝茶场景：希望还能尊重更多人的习惯，由此，便有了"小罐茶·多泡装"。为什么从一个人的茶享，要升级到多泡装？多泡装的产品体验如何做得更好？这就需要CEO随时代与时势的递进去进化与重新定义。用户体验好，好评多，相反用户体验不好，则差评多，用户体验对于产品的兴衰存亡起着重要的作用。

极致思维：解决产品、价格与推广效率等精益求精的问题

极致思维解决的是产品、价格与推广效率等精益求精程度的问题。当一个产品的设计、价格与推广效率等做到极致，那么释放出来的能量就会更强。小米CEO在谈到小米成功的七字诀"专注、极致、口碑、快"时，其中的"极致"就体现出了小米手机的MIUI系统在追求其运行速度方面、性价比追求方面，已达到极致程度。

◎ 死磕品质，死磕细节，对产品追求到极致

对于CEO来说，极致思维是对待一个产品"好"的程度有没有追求到极限。CEO大多面临"工作忙、应酬多"等状况，稍不留神就会容易放弃对产品极致的追求，因为要做到极致是需要耗费很多时间与精力的。但也有很多成功的CEO都是极致狂，就是人们说的"完美主义者"，乔布斯就是一个极端完美主义者，他对产品设计的极致追求可以为一个细节炒掉多个项目负责人，做不好就下课，换下一个来完成，反正不会放弃。死磕品质，死磕细节，才会有好的产品、有竞争力的产品。

有一个纯棉毛巾品牌的创始人，为了能够做出一条"舒适度与五星级酒店毛巾相媲美"的纯棉家用毛巾，多次到新疆去选用指定品质的棉花，并与花农一起培育更加优质的棉花，他对棉花的品质要求做到极致，最后才做出了一条好毛巾。这个追求极致的"毛巾哥"叫朱志军，毛巾品牌叫"最生

活"，他靠一条极致的纯棉毛巾年入过亿。新爆品之所以受用户青睐，归根到底还是产品做到了极致，产品的极致决定成品的竞争力，对极致的追求，是优秀CEO的底层品质。

效率思维：解决交易速度与规模的问题

效率思维是解决交易速度与规模的问题。相对其它方面来说，产品的周转效率是CEO较关注的，因为这直接关系到营业额的问题。一个产品以一种怎样的交易结构与模式，才能达到最大的交易效率与效益，这是CEO普遍较关注的问题。CEO非常关注的业绩、规模、效益，这就是效率思维。

◎ 于洞察中发掘效率提升的机会

对于产品本身方面：如产品的设计、质变、包装等等，如何优化体验去提升产品卖货的效率，这一点往往会被CEO漠视。比如以前的鸡腿鸭脖鸭肾等都是一袋一袋买，而现在增加了一个一个卖。这个小小的变化，并不是包装的变化那么简单，而是产品CEO洞察到了消费场景在越来越多元化，洞察到"一个人也要过得更好"的生活理念存在于大多数的"90后""95后"的年轻群体。这一个小小的洞察，这一个小小的包装的变化，就体现了一个效率提升的思维。从这个方面来说，关注效率，实际上是考验一个CEO对用户变化的洞察力。

IP思维：解决产品粉丝口碑与影响力的问题

◎ IP 思维，即流量吸引思维

IP思维这个词照样是个大词。他解决的是产品的粉丝口碑与影响力的问题，也就是用户流量吸引的问题。CEO是否有IP思维，体现在三个方面，品牌的IP化、产品的IP化、CEO自己的IP化。

品牌的IP化是涉及品牌的人性化包装，让品牌带有IP自传播力，比如我们经常提到的三只松鼠，就是一个鲜活的人格化IP品牌。

　　产品的IP化，是让产品拟人化去与用户互动，产品有了IP化，体现了CEO在产品的温度感方面倾注了情感，产品本身是否具备社交货币介质。

　　而创始人CEO的IP化，则是体现CEO的社会影响力。

　　三者的IP化是相辅相成的。当CEO是专业的IP形象，那么其对用户的信任度就会辐射到产品与品牌上，强化产品的影响力。如格力董明珠、小米雷军、华盛姚永红都在各自的领域内有较强的个人IP影响力。移动互联网时代的蛛网式传播效应，让任何IP都可能在一定范围内产生社交货币回报，这种回报就是用户流量的回报。IP思维是社交思维、是社交货币思维、是以人为渠道的传播思维。新爆品，需要超级IP，CEO责无旁贷。

7.3　新爆品CEO的岗位新定义

　　我始终在想，很多成功的项目，其背后都有一个优秀的产品CEO。而很多好的产品、好的项目最终没有达到预期或者以失败落幕，很多情况是因为CEO不明初心（没有弄清楚产品的定位），或者忘了初心（没有坚持好的产品聚焦与定位），所以我觉得有必要让产品的第一责任人——产品CEO搞明白"自己是谁"，这样才能在前行的路上，聚焦战略，持续坚持。CEO不偏轨，是企业与产品不偏轨的前提。

新爆品CEO的五个主要能力职责解读

　　前面我们谈了CEO应具备的思维基础，这里再说说新爆品CEO的岗位职责。

◎ 成也CEO，败也CEO

有高人曾经说过，对于新爆品CEO，有四个主要的能力职责：成本优化、产品优化、渠道建设、品牌建设，我再加一个：用户的强粘。

企业的CEO，往往要求下属各个部门各个岗位清楚自身的岗位职责，然而有一个人的岗位职责就很容易被企业所遗忘，那就是CEO自身的岗位职责。为什么会忘记，因为没有人要求CEO也要明确自己的岗位职责。为此，我倡议，CEO应该有自己的岗位职责。而作为一个产品型CEO，上述七大思维更应当在其岗位职责中得到很好的体现。以下通过一个新爆品CEO的岗位职责的案例，来解读新爆品CEO需要的主要能力职责，算是抛砖引玉，为更多的CEO作借鉴与参考，让CEO们在创业的路上时刻保持定力与战略思维。见表7-1。

表7-1　新爆品CEO岗位职责说明书

岗位名称	CEO/产品经理	岗位编号	
所在部门		岗位定员	
直接上级	董事会	工资等级	
直接下级	研发部、生产部、采购部、市场部、营销中心、产销管理、财务部、商务部、人力行政部、总经办		
职责与工作任务			
职责一	一、职责表述：确定企业战略定位，组织"企业顶层设计"，并总体实施 二、工作任务 1. 确定企业顶层战略定位（品类战略、用户定位、产品定位、竞争对标、价值使命）； 2. 结合内部环境，制定、持续优化调整公司战略； 3. 调动优势资源，创造机会，组织实施，创新变革，打造新品类的引领性品牌； 4. 始终坚持"品类战略"定力，打造有特色的品类，让品牌有调性，强溢价。		
职责二	一、职责表述：组织制定、实施"公司年度经营目标计划及预算" 二、工作任务 1. 根据董事会下达的年度经营目标，制定实施年度经营计划； 2. 分析内外部环境，从行销业务面、产销面、市场开发面、客户服务面、产品研发面、管理面等方面，细化本单位各部门年度目标设定； 3. 对年度经营计划进行布达、实施、监控、PDCA循环复盘，并对经营结果全面负责； 4. 组织实施年度预算，优化成本，控制费用，确保设定利润目标，确保年度财务预算方案有效实施。		

续表

职责三	一、职责表述：建立健全有战斗力的组织，并加强教育训练，管理体系升级达到"企业高效运转" 二、工作任务 1. 健全部门架构，根据部门目标，评估人员质量，定岗定编，人适其位； 2. 建章建制，积极主动完善关键管理流程，并适时优化组织与流程，提高团队协作能力效率； 3. 从企业战略以及社会责任，人才成长角度，加强正能量的企业价值观，员工价值观教育，营造好的企业价值文化氛围； 4. 依据年度培训规划，加强团队的OJT（在职）、OST（在位）训练，确保员工技能素质不断提升； 5. 加强自我的学习，与外界行业、营销、管理、学术界的学习，让自身紧跟时代发展。
职责四	一、职责表述：建立、完善产品系统，打造强有竞争力的"商品体系" 二、工作任务 1. 结合经营目标所需，明确产品的品类定位、档次定位、产品价值交付、目标用户、产品的用户体验、产品线矩阵、梳理定位清晰的产品线。 2. 坚持"高档次"品质定位，做有品质感的产品； 3. 组织参与产品的调查立项、研发设计、打样评审、库存计划等产销对接，对产品设计的市场竞争力、命中率把关，并负第一责任； 4. 每季度对产品在市场的信息反馈进行专题归纳分析，反馈到研发技术生产，持续改良优化产品，让产品持续精益极致。 5. 建立"销售数据分析"系统，定期分析产品销售数据，从产品的销售量畅销程度占比等，分析产品的设计、配色、产品线结构、配套性、性价比等，持续提升产品的市场竞争力； 6. 依据市场的竞争与趋势引领的需要，对用户价值的洞察，适时优化产品的用户体验价值，让产品具有更细的用户粘性。
职责五	一、职责表述：依据品牌的战略使命，建立具有核心竞争力的"优质销售渠道" 二、工作任务 1. 做好市场布局与规划，设定优质渠道开发目标，并分解市场拓展； 2. 建立"优质客户开发目标设定与考核"，每季度盘点考核； 3. 注重优质的结构业绩的发展：重点发展主要的优质销售渠道； 4. 定期组织不同形式的营销活动，活跃优质客户体系，且提升优质客户的经营能力。
职责六	一、职责表述：依据品牌的战略使命，持续提升品牌的高度，打造"品牌影响力" 二、工作任务 1. 依据时代的发展，持续升级品牌调性； 2. 不断优化、升级形象专卖店包装方案； 3. 全面完善销售工具，武装品牌运营； 4. 持续加强口碑与媒体传播，提高品牌的活跃程度； 5. 积极参与行业品牌评比活动，争取有效荣誉。

续表

职责七	一、职责表述：持续推动与升级公司的平台建设，加强"互联网+"两化融合 二、工作任务 1. 持续推动综合配套，品类特色的商品体系； 2. 不断完善与优化公司展厅平台建设，把总部展厅打造成在区域或行业内有影响力的展厅； 3. 持续推动"互联网+终端"快速交付平台建设，打通销售前端与制造前端的链接，提高经营效率； 4. 在战略的范围以及基于竞争环境变化，关注品牌的基本资质，保证企业经营安全； 5. 参与行业主要活动。
职责八	一、职责表述：建立良好的"沟通渠道"与健康的"社交关系" 二、工作任务 1. 负责与董事会总裁会保持良好的沟通，定期向总裁会董事会汇报经营战略和计划执行情况、经营业绩、资金运用盈亏情况、机构与人员调动情况，以及其它重大的事宜； 2. 参与建立公司与客户、供应商、合作伙伴、上级主管部门、政府机构、金融机构、媒体部门间顺畅的沟通渠道； 3. 领导公司开展社会公共关系活动，树立企业良好的形象； 4. 建立公司内部良好的沟通渠道，协调各部门关系。
职责九	一、职责表述：有效创新企业发展模式 二、工作任务 1. 主动学习，不断接受时代新知识； 2. 阶段性评估社会环境、企业与品牌经营状况，不断优化创新； 3. 大胆建议可行评估后采纳创新发展模式，加速企业发展。
职责十	一、职责表述：主持公司日常经营工作，领导各部门顺利开展与完成各部门核心工作 二、工作任务 1. 负责公司员工队伍建设，选拔、培养核心管理团队； 2. 主持召开月度总经理例会、旬管理人员例会；参与部门重要事务会议，对重大事项进行决策； 3. 代表公司参加重大业务、外事或其它重要活动； 4. 负责处理公司重大突发事件，并及时向董事会总裁会汇报； 5. 领导各部门完成年度业绩目标。

【教练作业】

假如你是某新品类爆品的CEO，请你设定CEO的岗位职责。

附　录

新爆品实战教练作业模型

【教练作业一】什么叫新爆品？

填写下表：列出生活中5个新爆品，并说出这些新爆品代言什么品类，产品定义了什么新价值。

新爆品	代言品类	产品定义新价值

【教练作业二】如何找到新品类、新爆品？

1. 按以下品类定位法则，举例生活中发现的产品新品类，每类举2～3个例子：

定位法	产品举例
品类拆细法	
特征定位法	
时段定位法	
消费场景锁定法	

2. 请你举例一个产品，分别指出这个产品的强需求、次需求、伪需求。

3. 请用你自己的语言来分析以下示意图讲的是什么意思？

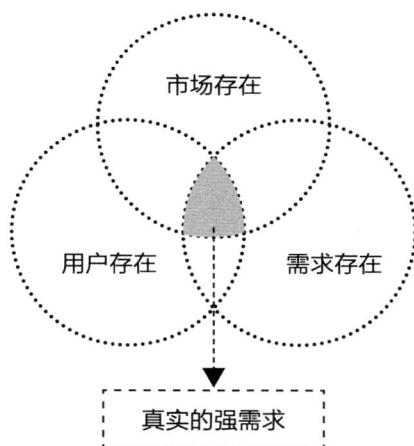

4. 说出三个你生活中感受到的"小确幸"，分析是否存在创造爆品的机会？

小确幸	爆品机会点
1	
2	
3	

5. 简要说说目前你公司的业务应该如何聚焦单点、创造新爆品？

【教练作业三】新爆品源发于哪些情绪点?

1. 分别举例生活中，以痛点、爽点、痒点为产品机会切入点的爆品例子，并指出这个产品的痛点、爽点、痒点所在。

2. 说出你所经营产品的价值定位，并提炼出这个产品所要打造的心智定位，以及这个心智定位的体验信任状是什么?

【教练作业四】新爆品有哪些超预期用户体验?

1. 列举出一个你生活中碰到的高颜值产品，分析你对这个产品的价值感受。列举出一款一般的产品，你策划一下：你将从哪些角度把它升级成高颜值产品。

2. 请用用户体验的五个要素来描述你所经营的产品体验，并描述出"用户体验路径图"。

	体验要素	你所经营的产品体验
1	用户角色画像	
2	用户的目标和预期	
3	主要服务触点	
4	用户体验路径	
5	用户情绪曲线	

3. 请你描绘你所经营的产品或服务的"用户服务设计蓝图"，并重点设计"峰值"与"终值"。

4. 为了让你的产品或服务更具有用户体验竞争力，请您对其关键服务节点进行分析，并指出应该围绕哪些核心服务节点去打造产品的竞争力。

【教练作业五】新爆品打造的十大步骤

1. 请你用简要文字，表达出你所经营产品所抓取的用户痛点，并对痛点分级。

2. 请尝试对你所经营的产品进行痛点再细分，并找到对痛点的解决方案，进行产品类别的延伸规划。

3. 请用目标用户定位与画像路径法，快速找到你的目标用户，对用户进行画像。

4. （1）列出三个你接触到的，你认为是比较好的起名？并说出为什么好？（2）列出三个你接触到的，你认为是不好的起名？并试着给予更名；（3）列举三个产品，并清晰地表达出品牌名、品类名以及价值主张。

5. 请你用最简洁的语言（广告语）表达出你所经营的产品的价值主张。

6. 请你讲好你的情怀故事：

（1）请讲一个产品创始人的创业情怀故事；

（2）请讲一个可以表达你产品核心价值的产品故事；

（3）请讲一个能表达你品牌使命的品牌故事。

7. 请思考你司的产品或品牌如何进行"人格化"包装（并创意一个卡通形象）。

8. 请列举出3个产品的"超级IP矩阵"；并请规划你所经营的企业、品牌、产品的超IP矩阵。

	IP化品牌	IP化创始人	IP化产品
1			
2			
3			
4			

9. 用户场景定义训练

（1）请从重新定义消费场景的角度思考你所经营产品的价值创新与产

品创新；

（2）请用场景细分手法，进一步规划你的产品线；

（3）你的产品可以用哪些"场景体验"手段，来提升用户消费体验。

10. 请从下列纬度来分析你所经营产品的极致设计：

	分析纬度	产品的极致设计表现或改善提案
1	产品的使用场景	
2	产品的底层价值 （1）解决核心痛点 （2）回归核心功能 （3）直觉化设计 （4）产品的温度感	
3	产品的自传播力	
4	产品的高颜值	
5	超预期的用户体验	

11. 分别从品牌LOGO设计、产品的视觉色、产品本身的设计、产品的包装设计等角度对你司产品进行视觉锤规划。

【作业教练六】新爆品传播定位

1. 对你的产品进行新品类价值定位后，你打算如何启动你的种子用户计划。

2. 传播内容与工具定位：

（1）找出你所经营产品的核心卖点；找出你所经营产品的用户体验核心点。从你所找出的卖点及用户体验核心点中，选择出最能体现关注"个体体验"的三点；

（2）为你的产品写一篇具有故事感的软文；

（3）为你的产品拍一部3-8分钟的微电影。

（4）为你的产品创作一条蹭热点的海报；

（5）规划你的产品的"自媒体搜索关键词"。

【作业教练七】圈粉手段

1. 建立一个你的产品社群。
2. 你的产品是否适合众筹推广？如果适合，请拟定一个众筹方案。
3. 请思考你的产品是否适合借用网红平台进行宣传推广；
4. 为你的产品策划一个抖音推广活动。

【作业教练八】效率赋能

1. 请聚焦选取一个单品，进行超值井喷定价与推广。

2. 请从定价策略、渠道通路模式、实时在线、众享模式、消费频率这五个方面来构思，如何加快贵司产品的消费效率?

【教练作业九】新爆品定力

假如你是某新品类爆品的CEO，请你设定CEO的岗位职责。